2年で利益が
2.5倍

社員が喜んで働き出す
社長の会話術

飯尾栄治

Eveil
エベイユ

はじめに

株式会社飯尾運輸代表取締役の飯尾栄治です。

当社は兵庫県川西市に本社を構え、滋賀、篠山、伊丹にも拠点を持つ一般貨物の運送会社です。

多くの運送会社の経営者がそうであるように、私も家業を継いだ世襲社長です。

飯尾運輸のルーツは大正後期、私の曾祖父が車馬にて運送事業を始めたことがきっかけでした。昭和20年になり、祖父が大阪府東大阪市にて「飯尾運送店（現・飯尾運送株式会社）」を設立。その後、兵庫県川西市に営業所を開設し、私の父がその所長を長く務め、そのままのれん分けのかたちで平成3年に「有限会社飯尾運輸」を設立しました。

以来、兵庫県川西市を中心に事業を拡大。平成20年には株式会社へ改組し、現在に至っています。

私自身は川西市の会社兼自宅で父の事業を見ながら育ち、平成2年に専門学校を卒業しました。卒業時に就職先も決まっていたのですが、たまたま有限会社飯尾運輸の設立の時期に重なりました。父から「事業を手伝ってくれ」と要望を受けました。そこで内定企業にお断りを入れ、飯尾運輸に入社しました。

以来25年、運送業ひと筋に歩んできました。入社当初は一般社員として働き、15年後に常務取締役に就任。社長に就任したのは平成25年7月で、実はまだ2年ほどしか経過しておりません。

しかし、社長としてのこの2年間は、一社員時代、常務時代の何倍何十倍も濃い日々でした。

私が常務時代に担当していたのは売上面の管理だけ。資金繰りも営業活動も社員さんのマネジメントも、さほど考えることなく過ごしてきました。

ところが社長になったとたん、当然のことながら営業面も財務面も労務面もすべて社長である私に、最終決断が任されるようになりました。すると、それまでにはなかった、さまざまなトラブルが一気に噴出したのです。

「なぜ、社内にこんなトラブルが発生するのか?」

社長になった私は、毎日考え続けました。常務時代も頭を使って仕事をしていたつもりでしたが、社長に就任後の知恵の絞り方は次元が違いました。ルーティン業務以外にも、次々に持ち込まれるスポットな案件をスピーディに判断・指示しなければならず、とても「1日24時間では足りない!」と思ったことを覚えています。

それほど社長が担わなければならないマターは多く、社員さんとそのご家族の生活がかかる責任の重い職務だと思います。


ここで2代目社長や3代目社長のみなさんは、

「お父さんである前社長のアドバイスはなかったのか?」

と、お考えになるかもしれません。

もちろん、父も私に運送業務のイロハを一生懸命教えてくれました。しかし、社長のイロハを教えられることはありませんでした。

父が経営していた時代は社員10人程度で、会社も「家業」的な雰囲気でした。ところが、私が社長に就任する前後から社員数がどんどん増え、2015年時点では60人あまりに。父の時代とは会社の規模も変わり、なにより経済的社会的背景が激変していました。

父はそんな時代の変化を敏感に感じ取っていたのでしょう。私が44歳で「そろそろ社長になりたい！」と話を持ちかけたときも、意外なほどあっさりと私に事業を譲ってくれました。その後も、私のやり方にいっさい口を挟むことはありません。

さて、社長になってみたものの、いったいなにから手をつければいいのか、私ははたと考え込みました。

「社長っていったいなにをすればいいんだろう？」

お客さまにお会いしたり、取引銀行の担当者とやりとりするのは当然のこととして、自分の会社を良くするためにはいったいどうすればいいのだろう？

いろいろ考えた私は、名物社長の著書や、「社長業とはなにか」「社長がするべき○○のこと」といった社長業指南書を片っ端から読み始めました。本は素晴らしい知識を与えてくれましたが、本だけではどうも実感を伴いません。そこで週末の時間を利用して、役に立ちそうなセミナーにこまめに足を運び、自分なりの社長業を摸索し続けました。

こうしてセミナーや書籍などから「この方法は自分の会社に使えるのではないか」と思ったものをすぐに採り入れ、継続するうちに、徐々に「社長がやるべきこと」が見えてくるようになりました。それと同時に社内の雰囲気が変わり始め、利益も社長就任時の約2・5倍に伸びていったのです。

本書はそんな私の体験をまとめたものです。

当社は社員さんをはじめ、ステークホルダーとのコミュニケーションを大切に考え、コミュニケーションを深めるためにさまざまなツールを活用しています。文中に登場するツールには、自作したオリジナル品もあれば市販品もあります。いずれも簡単に作成や入手ができるものですので、みなさんの会社のコミュニケーション向上にお役立てください。

運送業界を取り巻く環境は厳しく、とくに中小は大半が赤字経営だそうです。

今この瞬間も、事業継続に疲れを感じる経営者は少なくないでしょう。

本書がそんな経営者のみなさんのご参考になり、肩の荷を少しでも軽くする一助となれば幸いです。

目次

2年で利益が2.5倍
社員が喜んで働き出す社長の会話術

はじめに

第1章 コミュニケーションで会社が変わる

第2章 社外も巻き込んで会社を活性化！

第3章 社風に合う人材を採用し、風通しの良い会社に

第4章 社内コミュニケーションを円滑にする社長の行動

第5章

常に上を目指す社長の新習慣

おわりに

第1章

コミュニケーションで会社が変わる

私が社員さんとの距離を縮めようと考え始めたのは、社長に就任してからでした。社長のあり方に悩み、経営者の本を読んだり、セミナーに通ったりするうちに、「やはり社員さん一人ひとりとしっかりコミュニケーションを取ることが会社を良くする基本だ」と確信するようになったからです。

一度確信すると、次はどのような手段でコミュニケーションを取るのか考えるだけ。コミュニケーションの方法はいろいろありました。経営者の著書やセミナーで学んだこともありますし、私が社長業を続けるうちに思いついたアイディアもあります。第1章では社内コミュニケーション力を向上させることにより、会社の雰囲気をアップし、社員が「この会社にいたい！」と思えるような会社であるためにはどうすれば良いのか、私が実践していることをお話していきます。

毎月の給与明細に経営方針を入れて手渡し

まずは社長ひとりで簡単に実行できるアイディアからお話しましょう。

自分の想いを文字にする文字ツールなら、社長ひとりが少し時間をかけるだけでコミュニケーションを始めることができます。

「わざわざ文書をつくるのか？」

と思われる方もいるかもしれませんが、そんな大層なものではありません。

文字ツールには手紙、メモ、メールなどいろいろなものがあります。大切なのは文字の多さではなく、内容と頻度です。

文字ツールは言葉と違って形があるものですので、なにかのタイミングを見計らって相手に渡さなければなりません。そこで、私は毎月の給与明細に目を付けました。


当社の給与明細には、会社の経営方針を毎月封入しています。

経営方針といっても難しいものではなく、「今月はこんなことがありました」「こんな新しい仕事を獲得しました」といった、言わば「社長からのお知らせ」です。Ａ４サイズの紙にパソコンのワープロソフトを使って書き、人数分プリントアウトして、折りたたんで給与明細の封筒に入れています。

毎朝の朝礼や各種会議・ミーティングで、必要な人に必要な情報をアナウンスしていますが、なかなか社員さん全員には行き渡らないもの。その点、給与明細は毎月必ず社員さんに配布されますし、その中身を確認しない人はいないでしょう。

当社も給与そのものはかなり以前から銀行振り込みにしていますが、給与明細は上司からの手渡しです。給与支払日は毎月20日。本社の社員さんには私からできるだけ毎月手渡ししますし、営業所にも私が行って営業所スタッフに直接手渡しします。3ヵ所の営業所を1日で回ることは不可能ですので、翌月は別の営業所へ行き、翌々月はさらに別の営業所へ。こうして最低でも3ヵ月に1回は私から社員へ手渡しすることができるようにしています。

給与明細への封入は、社長の想いが目に触れる確率が非常に高い方法だと思います。

ささいなことに感謝の気持ちを伝える「サンクスカード」

「サンクスカード」も効果的です。

サンクスカードとは、名刺サイズの小さなカード。そこにメッセージを2〜3行書くだけで充分です。書く内容は社長から社員さんへの感謝の気持ちです。

短い文章しか書けませんので、細かな業務内容などにはいっさい触れません。本当にささいなこと、小さなことに感謝の気持ちを表します。

たとえば、こんなケースです。

・部署を超えて業務をおこなってくれたとき
・日常の業務内容を超えて、会社に貢献してくれたとき
・休日出勤してくれたとき

営業所の草むしりをしてくれた社員には、

「暑い中、草むしりをしてくれてありがとう！」

休日出勤をしてくれた社員には、

「急に人手が必要だったので助かりました。ありがとうございます」

といった具合です。私は1日1枚のサンクスカードを自分自身へのノルマとして課していきます。


いちばん頭を悩ませるのは、ネタ探しです。

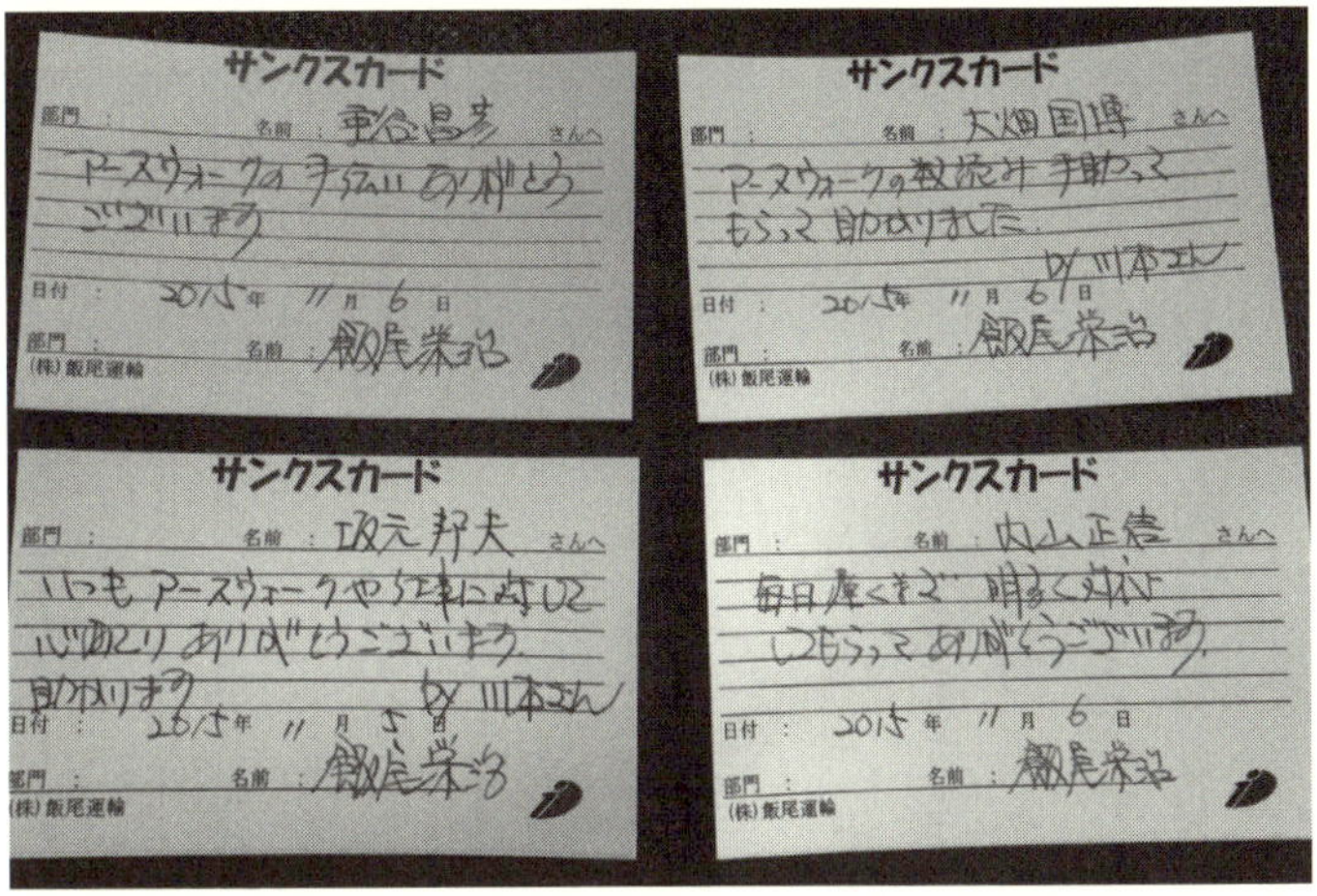

サンクスカード

「新規のお客さまを開拓した」「大きな売上を上げた」などの業務に関する大きな情報なら、社長の私のもとへ確実に報告が入りますのでわざわざ探す必要はありません。

しかし、サンクスカードで感謝を示したいのは、表舞台に決して登場しない、小さな、ささやかな行為です。なぜなら、業務上の記録に残らないささいなことまで社長が評価することで、

「こんなに小さなことまで見てくれているんだ！」

と社員さんは考えます。誉められ、感謝されれば、人は誰しもモチベーションが上がります。その結果、次は自ら進ん

で業務を引き受けたり、自分なりの工夫を凝らすことにつながります。

こうした小さな情報をキャッチするには、つねに社内外にアンテナを立て、会社でなにが起きているのか、社員さんが日々どんなことをしてくれているのかを知っていなければなりません。そこで私は日頃から本社や営業所に目配りし、社員さんにこまめに話しかけ、情報を集めます。

サンクスカードは、本社なら私から直接手渡しします。営業所は毎日行くことができませんので、本社⇕営業所間の定期便で所長宛てに送り、渡したい社員さんのタイムカードに挟んでもらうようにしています。

模造紙を使って会議への参加意識を高める

当社では女性のスタッフに対して、週1回のランチミーティングを開催しています。本社の会議室で事務員さんとランチを食べながら雑談し、その後ミーティングに移っていく流れです。

ミーティングではA1サイズの白い模造紙を用意し、事前に書記担当を決めておきます。

たとえば、２０１５年４月27日のランチミーティングの議題は、その前々日におこなわれた「経営方針説明会」の反省と改善点の抽出でした。

「もっと早く式次第を決めておくべきだった」

「経営方針説明会の段取りはトップダウンでおこなうべき」

「永年勤続表彰の順序は事前に打ち合わせておくべき」

など、さまざまな意見が事務員さんから出されました。会議では、こうした意見をその回の書記担当者が次々に模造紙に書き出していきます。すると、参加者全員の会議への参加意識がぐんと高まりま

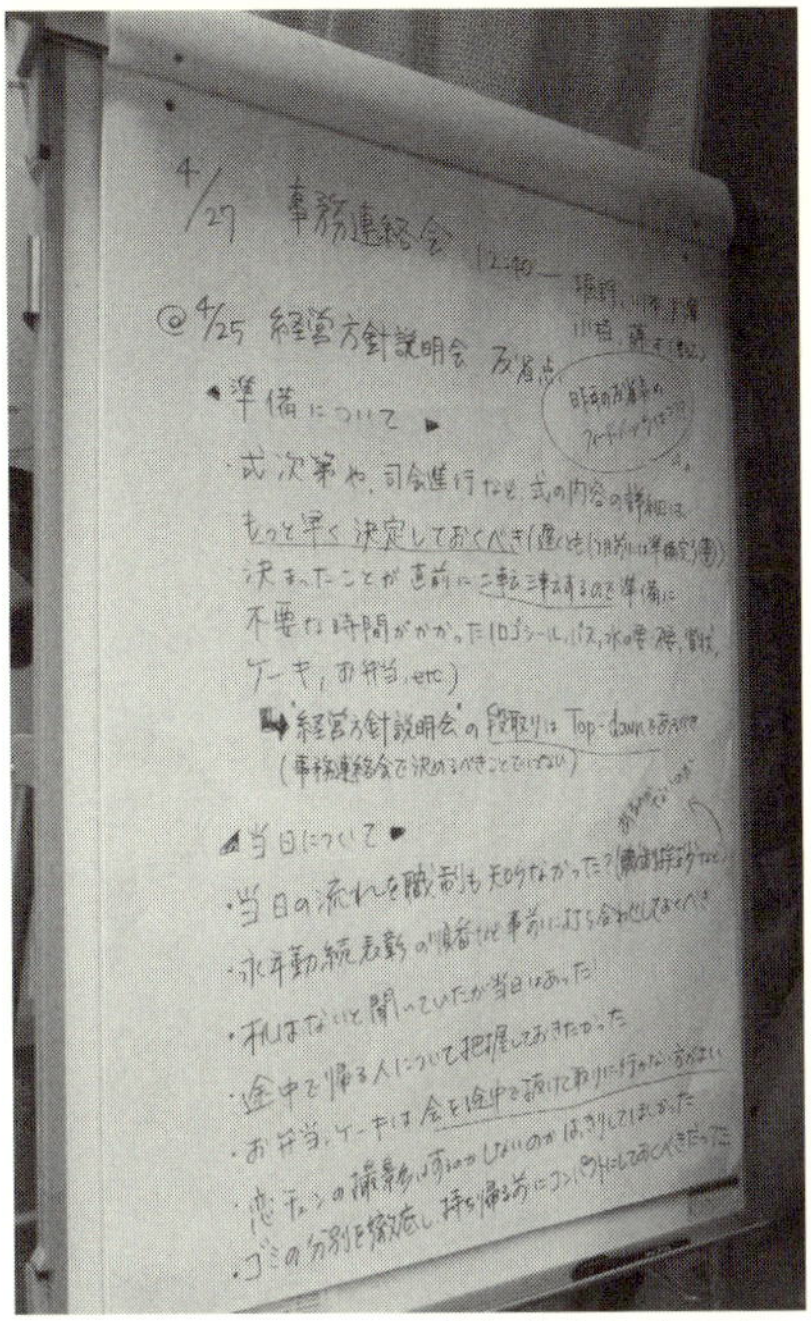

ランチミーティングで議事内容を書き出していく模造紙

す。各自の意見が文字になって目の前に現れるわけですから、情報の共有化も当然進みます。

ミーティングが終了すると、模造紙を写真に撮り、ＰＤＦ化して共有ネットワークの会議フォルダに保管します。このひと手間で議事録を作成する必要がありません。

模造紙は前週のものの上に今週のものを画鋲で貼り付けていきますので、週の経過とともにどんどん増えていきます。

翌週の会議では、前週の模造紙を見ながら、全員で進捗状況をチェックします。出された課題が解決していれば、赤マジックで横線を引いて「これは済み」。課題が解決していなければ、「この件、どうなった？」と進捗状況を確認します。

2週前の模造紙を見て、まだ赤線で消されていないものがあったら、「どうして解決されていないんだ？」と原因を探ります。

さらに3週間解決されないまま残っている課題があれば、そもそも解決する必要がない可能性があります。ランチミーティングでは解決の必要性の有無も含めて、全員で検討していきます。

こうした会議の手法により、検討すべき課題が明確になり、業務の見える化が進みました。模造紙という誰もが見られるものに自分の意見が書き出されるのですから、しっかり「証拠」が残ります。いい加減なことを発言するとそのまま文字として残りますし、解決しないまま放置するとそれも過去の模造紙に残っています。自然と社員さんは議題を真剣に考えるようになり、自分の発言に責任を持つようになりました。

同時に、

「会社の業務改革に参加している」

という帰属意識も強まります。

「どうしたら解決する？」社員に問いかけ、考えさせる

ランチミーティングで出された意見により、改善された事例をひとつご紹介しましょう。

事務員さんが日常業務でよく出会うシチュエーションに、「コピーしようと思ったら用紙が切れていた」というものがあります。用紙は総務部が発注するのですが、すぐに発注しても届くまでタイムラグがあり、その間コピーができないという大変不自

由な状況に陥ります。

では、この事態をどう防げばいいのでしょうか。


ひとつ大切なことは、ここで社長が意見を言う必要はありません。どんな会議でもそうですが、上席者が最初に発言すると、「全員右へならえ」になってしまいます。

私の場合、「どうしたら解決すると思う？」と、社員さんに質問するだけです。

すると、社員さんがみな、一生懸命考え始めてくれます。


この事例では、参加社員の議論の結果、次のような解決策が決まりました。

コピー用紙はコピー機の横に積み重ねられているのですが、残り2束（500枚入りのブロックが1束です）になったら総務部へ連絡をする。連絡方法としては、「残り2束カード」をつくり、下から2束目と3束目のコピー用紙の間に挟んでおく。コピー用紙補給後に「残り2束カード」が現れたら、それを見た者が総務部へカードを持っていく。総務部はカードに基づいて、コピー用紙を発注する…という段取りです。

このルールができてから、突然のコピー用紙切れで困ることがなくなりました。

事務員さんも自分たちで考えてつくったルールですから、懸命に守ろうとします。

何事もそうですが、会社から命令されて守るルールは面白くありません。でも自分たちで考えて決めたルールなら、守る意味をよくわかっているはずです。

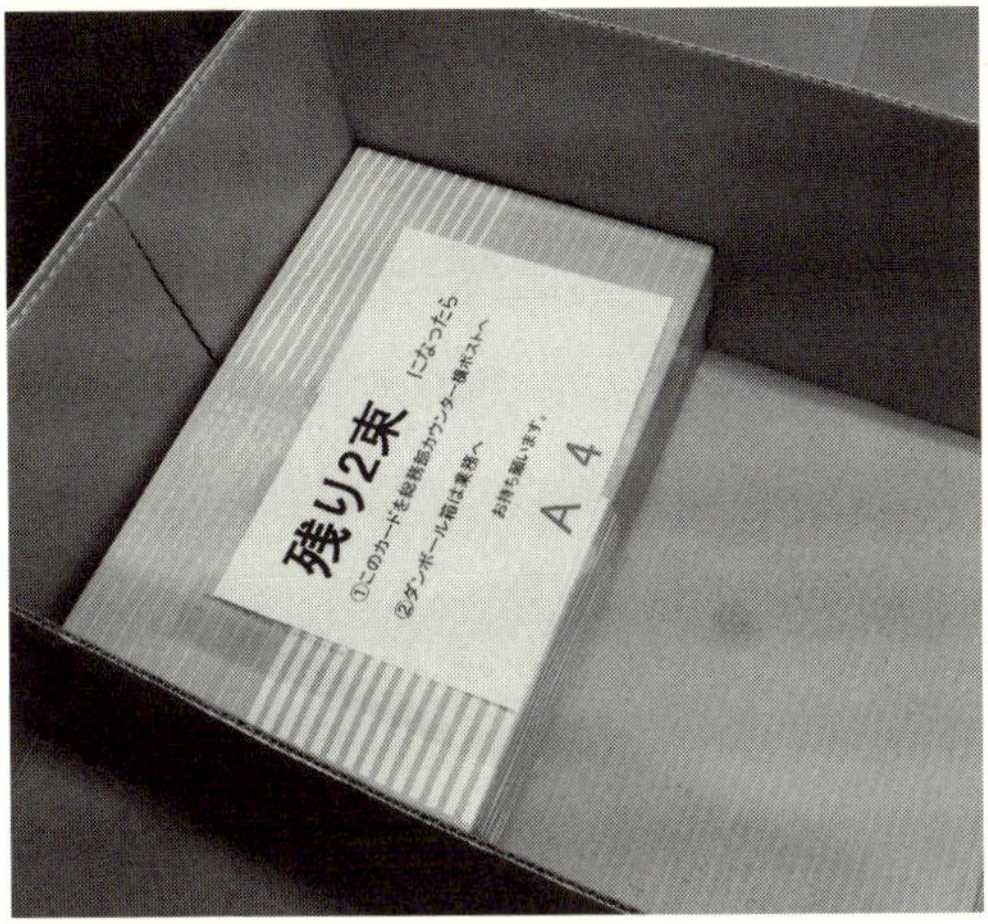

社内業務改善例（コピー用紙切れの防止）

小さなことですが、社内の業務改善がこれでひとつ進みました。大きな改善も小さな一歩から。毎週毎週積み重ねていくことで、どんどん社内改善が進み、同時に社員さんに「考える力」がつくと私は信じています。

悪い情報ほど積極的に収集する

ランチミーティングで実施している模造紙の活用は、管理職が集まる週1回の朝会でも実施しています。効果は事務員さんのランチミーティングと同じで、前週・前々週の課題の解決状況の確認や来週に向けて解決すべき課題の抽出にとても役立っています。

当初、朝会では出された意見をホワイトボードに書いていたのですが、当然のことながら、ホワイトボードというのは次の使用時に前の文字を消さなくてはなりません。

「朝会で出た意見をみんなに見えるかたちで残しておきたいな。なにか残す方法がないかな?」

そう考えていたところ、参加したセミナーで、講師がA1サイズの模造紙を使っておられるのが目に入りました。「これだ!」と思い、さっそく翌週の朝会に導入すると、反応は上々。こういった模造紙を使って会議をする会社は少ないらしく、業界紙『物流ウィークリー』の記者も一度取材に来られました。

さて、朝会のように管理職が集まる会議では、「積極的に部下の情報を収集してほしい」と、いつも伝えています。

情報というものは、待っていても集まりません。積極的に取りに行ってこそ、有用な情報が自分のもとへ集まってきます。上司が部下の情報を集めないのは職務怠慢だと私は考えています。部下がいろいろ話しかけていても、上司がパソコンの画面ばかり見て、部下の顔を一瞥もしないようでは、人間関係は必ず壊れていきます。

「部下にもっと興味を持つこと」が管理職には必須です。

また、私はいつも管理職に、

「悪い情報ほど伝えてほしい」

と繰り返し言い続けています。

管理職の会議では、どうしても良い情報ばかり報告しようとします。気持ちはわかりますが、経営者が知りたいのは良い情報ではなく悪い情報です。

とくにお客さまからのクレームなどは、まっ先に伝えてもらいたい情報です。ところが、営業所で起きたクレームは大きいものから小さいものまで、営業所内で処理されてしまうと社長のところまで報告が届きません。私が営業所に行った際、社員さんと雑談をすると、こうした「抹殺された情報」がポロポロと出てきます。

同じように現場の要望も、なかなか社長のもとへは届きません。「そんなこと、社長に要望してもどうせ通らないだろう」と、現場の管理者が勝手に判断してしまうのです。要望が通るか通らないかは、一度稟議に上げてみないことにはわからないはず。そこで情報のシャットダウンが起きてしまうのは、経営者としてとても恐ろしいことです。

社長になってしばらくたったある日、私は悪い情報がまったく自分のもとへ入って来ないことに気づき、愕然となりました。常務の頃には現場の情報がいろいろ入って来たものですが、社長というのはこうも社内情報の孤島に置かれるものなのでしょうか。裸の王様にならないためにも、経営者の方々には現場の情報を積極的に収集することをお勧めします。

一般社員の意見を吸い上げる職場活性化委員会

先日、職場活性化委員会がスタートしました。

職場活性化委員会は所長・職長などの役職者を通さず、一般社員さんと私が直接話をし、職場を改善していくものです。

2年間の社長業で痛感したのは、職場環境を改善する意見は現場からしか出てこないということ。前述のとおり、職場改善の意見が途中で宙ぶらりんになってしまい、社長の耳まで届かない事態を解消するための施策です。組織とは縦軸につくられているものですが、この委員会は横軸を通したものです。

職場活性化委員会が機能することで、

「こんなことに困っている」

「こんな設備が欲しい」

といった要望が、役職に関係なく、スピーディに社長に伝わることを期待しています。

ちなみに、委員の任期は1年。今回は初めての試みなので、所長とベテラン社員さんを織り交ぜて委員に任命しました。いずれは新入社員にも参加してもらいたいと考えています。新入社員はまっさらな状態で当社の業務を見ていますので、慣れてしまったベテラン社員さんより気づきが多いはず。日常業務はベテラン社員さんにかなわないかもしれませんが、新入社員ならではのフレッシュな視点を期待しています。

また、将来的には、職場活性化委員会で新規事業の提案などが出されることも期待しています。

「こんな仕事がしたい」

「こんな会社にしたい」

という意見が社員の間から出てくれれば、社長冥利に尽きること。

逆に言えば、そこまで社員さんの意識を引き上げることが社長の仕事だと思います。

出席者全員が発言する「くるくる会議」

ランチミーティングでも朝会でも、当社の会議では必ず出席者全員が発言するよう求めます。

会議というものは、普通に進行してしまうと、積極的に発言する人とまったく発言しない人に分かれてしまいます。そこで当社の会議では、社員さんが持ち回りで進行役を務め、全員に発言を促します。

たとえば、ある議題が出たら、進行役はそれに関して

「○○さん、どう思います?」

と、参加者に順番に話を振ります。どうしても意見が出ない場合は

「パスは1回だけですよ」

と釘を刺し、次の人へ意見を求めます。

こうして発言者を意図的に回していく「くるくる会議」を繰り返すことにより、全員が自分の頭で考え、発言するようになります。前述のように自分の意見が模造紙に書き出されるとなると、なお真剣味が増すでしょう。

そして社長の私が意見を述べるのは、必ずいちばん最後。社長が先に意見を言えば、社員さんたちはそれに合わせようとしますから、会議を開く意味がありません。会議は複数の人間から意見を集め、議論する場。ひとりの知恵より複数人の知恵のほうが幅が広いに決まっていますし、それこそ私が思いもつかないような意見が出ることもあります。

広く意見が出やすい環境を整えるのも社長の務めですし、社員さんに「考える力」をつけてもらうのも社長の務めだと思います。

ＩＴを活用した点呼システムでコミュニケーション

最近になり、当社ではＩＴを活用した点呼システムを導入しました。

本社と営業所をネットワークで結び、配送前・配送後のドライバーとパソコンを通して顔を見ながら会話ができるシステムです。

点呼は本来、各営業所の管理者である所長が担当するもの。私も週に1回は必ず各営業所を訪れますが、ドライバーの場合、どうしても配送中で会えないことがあります。なかなか会えないドライバーの顔を見るのに、こうしたＩＴシステムは大変便利です。

電話でももちろんコミュニケーションを取れるのですが、声だけなので相手の表情まで見ることはできません。しかし、パソコン画面の向こうに見知った顔が映ると、不思議なことにそれだけでなぜかうれしくなります。そして、「元気か？」「はい」と会話を交わすだけで、お互い笑顔になるものです。さらに「昨夜はよく眠れた？」と声をかけ、顔色や表情などを見て健康チェックをすることもできます。

ITシステムは私たちの親の時代にはなかった便利なツールです。スカイプのように海外とも無料で通信できるシステムもありますし、どんどん活用していいのではないでしょうか。

年に1度の全社イベントで家族ぐるみの交流を

これまで業務を通じたコミュニケーション術のお話をしてきましたが、当社では業務外でも親睦と交流を図るイベントを実施しています。

第3章で詳しく説明しますが、「いいおまつり」はその代表格。当社で全社員が一堂に集まるのは、春の「経営方針説明会」と秋の「いいおまつり」の年2回。貴重な親睦の機会ですので、採用面接でも入社希望者に詳しく説明し、「こうしたイベントに参加いただけますか?」と質問するほど、当社としては大切に考えているイベントです。

「いいおまつり」は年1回、営業所のスペースを使って屋台やゲームコーナーを提供し、社員さんやそのご家族のみなさんに楽しんでいただくイベントです。昨年は滋賀の営業所で開催し、遠くからも社員さんとそのご家族が駆けつけてくれ、大変盛況に終わりました。

こうした家族イベントの場合、社員同士はお互いを知っていても、奥さん同士・お子さん同士は初対面で、打ち解けるのに時間がかかることがあります。

そこで、どうすれば奥さんやお子さんたちが楽しんでくれるのか、私たちもいろいろ知恵を絞り、ゲームや抽選会を豊富に用意して、知らない人同士でも会話が始まるように仕掛けました。

たとえば、子どもじゃんけん大会の賞品はラジコンのフォークリフト。子どもたちより親のほうが真剣になり、じゃんけんで勝負する子どもたちに向けて盛んに声援が飛びました。

また、ご家族の方が自由に見て触れられるように、トラックやフォークリフトなども会場に置いておきました。ご家族というのは、ご主人やお父さんが日頃どんな仕事をしているのか、意外に知らないもの。「いいおまつり」には「ご主人やお父さんの仕事をもっと知ってほしい」という願いも込められており、私は「逆授業参観」と呼んでいます。

子どもたちはお父さんが普段乗っているトラックに乗り、ハンドルに触れたり、インテリアパネルを見たりします。もちろんイベント中にトラックを動かすことはありませんが、それだけでも子どもたちはお父さんの仕事に親近感を抱くでしょう。将来的にはお父さんと同じ「トラックドライバーになりたい」というお子さんが、この中から現れることを期待しています。

社員や家族が運送業に誇りを持てるように

私は運送業という仕事に誇りを持っています。

産業の発展には物流システムの整備が欠かせません。日本の高度成長期、列島全体に必要な物資が行き渡ったのは、親や祖父の世代が世を徹してトラックを走らせ、輸送したからです。記憶に新しい東日本大震災では、道路が寸断されてコンビニエンス・ストアやスーパーマーケットの商品棚が空っぽになりました。その光景は、私たちが豊かなモノに囲まれてなに不自由なく暮らせるのも、トラックドライバーが毎日トラックを走らせ、物資を運んでくれているおかげだと教えてくれました。

運送業界で働く人たちが、自分の仕事にもっと誇りを持てるようにすることが私の大きな夢。

子どもたちから

「お父さんの仕事ってカッコいい」

と、自然に言われるようにしたいのです。

「いいおまつり」は、夢を実現するための最初の小さな一歩です。

運送業界のイメージ自体を上げたいという想いも、この企画には込められています。

2014年の「いいおまつり」ではさらに一体感を高めようと、エンディングで社員全員がAKB48の『恋するフォーチュンクッキー』を歌って踊るプログラムを組みました。社員さんたちは最初こそ恥ずかしがっていましたが、お子さんたちや奥さんたちが喜びますので、徐々にノリノリに。この様子を私はしっかりビデオに収めました。いずれ編集して、ホームページなどで公開しようと計画しています。

こうしたイベントは業界でも珍しいらしく、業界紙にも掲載されました。また、「い

イベント「いいおまつり」

いおまつり」で社員さんたちが楽しんでいる写真は、求人広告にも活用しています。

今後も毎年営業所を変えながら、「いいおまつり」を続けていきます。それに昨年までは社員さんとそのご家族だけの参加でしたが、これからは地域の方々をお招きすることも考えています。運送業は道路や橋など地域のインフラを使って業務をおこないますし、トラックの出入りの際に地域のみなさんにご迷惑をかけていることもあるかもしれません。「今後とも飯尾運輸をどうぞよろしく」という意味もこめて、地域の自治会などにお声をかける予定です。

イベントはスムーズな人間関係に欠かせないもの

さて、社長の私から見ると参加者が楽しんでくれたイベントですが、やはり一匹狼的なドライバーさんの中には受け入れてくれない人もいます。

「どうしてこんなイベントをするんだ？　こんなものは望んでない。休日はほおっておいてくれ」

はっきり私に言う人もいれば、陰で愚痴る人もいました。

しかし、イベントは社内の人間関係をスムーズにするためのもの。

会社の退職事由でもっとも多い理由が「人間関係」。誰もが退社届に「一身上の都合」と書きますが、それはあくまでも社会慣習に過ぎません。本当のところは上司や同僚との人間関係に嫌気が差し、会社を去っていきます。

では、人間関係をよくするにはどうすればいいのか？

考え抜いた答えが、「密なコミュニケーション」でした。人はコミュニケーションの回数が多ければ多いほど、他人への理解が深まります。いわゆる「情が移る」という心理です。また、接触回数が多いと、個別の対応方法も自然にわかり、人から人へと波及させていくことができます。

組織の中で「自分が理解されている」「自分の仕事が評価されている」という実感は、人にとってなにものにも代え難いものですし、仕事のやりがいにもつながります。

社内イベントはこうした人間関係を構築・促進し、社員全員でひとつのことをやり遂げる体験を共有するためのものです。

業務外で実施することにも意味があります。誰でも愛する家族と一緒のときは、やさしい一面や素の自分が出るもの。一見強面のドライバーさんが、普段の仕事では絶対に見せない表情を見せることもあります。こうして互いを理解し、結束を固めて翌日からの業務に取り組んでいく。そのために、イベントは必要なものだと考えています。

ドライバーばかりの安全ミーティングで誕生日会

「いいおまつり」の成功に自信を持った私は、最近になり、社内のイベントをもう

安全ミーティングでの誕生日会

ひとつ増やしました。月1回開催している安全ミーティングで、その月に誕生日を迎える社員さんを祝うことにしたのです。

安全ミーティングに参加するのはドライバーのみ。年代も20～40代と、いい年をした男性ばかりです。そんな場で誕生日会をするわけですから、違和感があることこのうえありません。最初は「えっ、この年になって？」「そんなの、もういいでしょう」と、かなり反発がありました。

それでも半ば強引にケーキと缶コーヒーを運び込んだところ、その場が「さあどうする？」という微妙な空気になりました。すると……突然、ドライバーのひとりが「ハッピーバースデー・トゥー・ユー…」と歌い始めました。すると、意外なことに全員が声を揃えて歌い、同僚の誕生日を祝ったのです。

最終的には全員が記念写真に笑顔で収まり、

「なんだ。みんな結構喜んでいるじゃないか」

と、私もにっこり笑顔になりました。

子どもの頃は誰しも家庭で誕生日を祝ってもらっていたでしょうが、中年以降になると自分の誕生日どころではなくなり、なかなか祝ってもらえなくなるもの。場所は会社の会議室ですし、祝ってくれるのはむくつけき男性ばかりですが、どうやら年齢を重ねた誕生日会に誰も悪い気持ちはしないようです。

第2章

社外も巻き込んで会社を活性化！

第1章ではおもに社内のコミュニケーションを活性化させる方法を書きましたが、本章では社外の人、社員さんの家族やメディア、その他大勢の方々へのコミュニケーションを図っていくことにより、会社を活性化し、売り上げを上げていく方法をご紹介していきます。

運送会社を悩ませる「嫁ブロック」を自社ホームページで回避

運送会社の社長として、採用や人事面で私がずっと感じてきたのは、運送業界に対する社員の奥さん方の根強い反対です。

大変残念なことですが、運送業界には長時間労働・交通事故・危険など、ブラックなイメージがついて回ります。とくに長距離バスの死亡事故などが起きると、「ウチの主人は大丈夫？」「危険な業務をさせられていないかしら」とご家族は不安に陥ります。

こうした奥さん方の不安は採用にも大きな影響を及ぼします。本人は運送会社に就職するつもりでいたのに、奥さんの反対で断念したという話は少なくありません。こうした奥さんの反対を「嫁ブロック」と呼ぶそうです。

同様に、運送会社に入社後も奥さんの反対で退職するケースがあります。どうやら昔に比べて奥さんの影響力は年々強まっているようです。

そこで私は、社員の奥さんともできる限りコミュニケーションするように努めています。

実際に社内イベントなどで奥さん方にお会いし、いろいろなお話をすると、みなさんが共通して心配されるのが「業務の安全性」だとわかりました。

「その運送会社は安全性に配慮しているのか？」

「企業として安全をどう考えているのか？」

を、実は奥さん方もチェックしています。

私が当社のホームページに安全への取り組みについて詳しく掲載したのも、ひとつは奥さん方へのアピールのため。ご主人が当社へ就職を考えておられるとき、そして当社で働き始めたとき、奥さんがホームページを見て、「これなら安心」と思っていただくためのものです。

さらに当社は「長距離の仕事」や「夜勤」がないため、ご主人は毎日必ずご家族のもとへ帰ることができます。これなら奥さんの信任を得やすく、その後の雇用も安定します。

社員さんが気持ちよく働けるように、私は「いかに奥さんに信頼していただけるか」を考え、他にもさまざまなコミュニケーションを図っています。

顔イラスト入り葉書でご家族にアプローチ

私のほうから社員さんの奥さんやご家族へ葉書を送ることもよくあります。

送るタイミングはご家族にお祝い事があったときや、会社での社員さんの活躍や、それに対する感謝の気持ちを伝えたいときなどです。とくにお子さんの誕生は大きなお祝い事ですので、お祝いの手紙はもちろん、5000円の商品券も私のポケットマネーから贈るようにしています。このとき、社員さんに手渡すのではなく、奥さんに直接郵送するのがポイントです。

葉書に書く内容は、冠婚葬祭の場合、

「ご出産おめでとうございます」

似顔絵入り葉書

「お子さまのご入学おめでとうございます」

など、一般的なお祝いの言葉です。

会社での出来事を書くなら、

「先日、ご主人が○○という業務を担当してくださり、大変助かりました」

といった内容でもいいでしょう。もちろん本文は手書きです。

ちなみに、葉書は私の似顔絵イラスト入り。このイラストは「似顔絵作ろう！」というスマートフォンのアプリを利用して作成したもの。自分の顔写真を送信するだけで、かなりハイレベルな似顔絵を作成してくれます。ひとり分の似顔絵作成料は、なんと1枚400円！（2015

年5月現在)。こんな安くて便利なサービスを使わない手はありません。

社員さん、ご家族との手紙のやりとりで交流を深める

実は奥さんだけでなく、私は社員さんとも手紙のやりとりをします。

最近、20代の女性ドライバーから父の日のプレゼントにゴルフボールをもらいました。プレゼントには長い手紙が添えてあり、その中の一文に

「会社は私にとって第二の家族です」

とありました。

これは社長にとって最高にうれしい言葉です。

同じ日に、彼女のお母さんも私に手紙をくださいました。

「いつも娘がお世話になっております。わがままでお手数かけると思いますが、これからも末長くよろしくお願いいたします」

社員のお母さんからこんな言葉をもらえるとは、社長冥利に尽きることです。

最近、あるベテラン社員から「ウチの息子を飯尾運輸で採用してほしい」という申

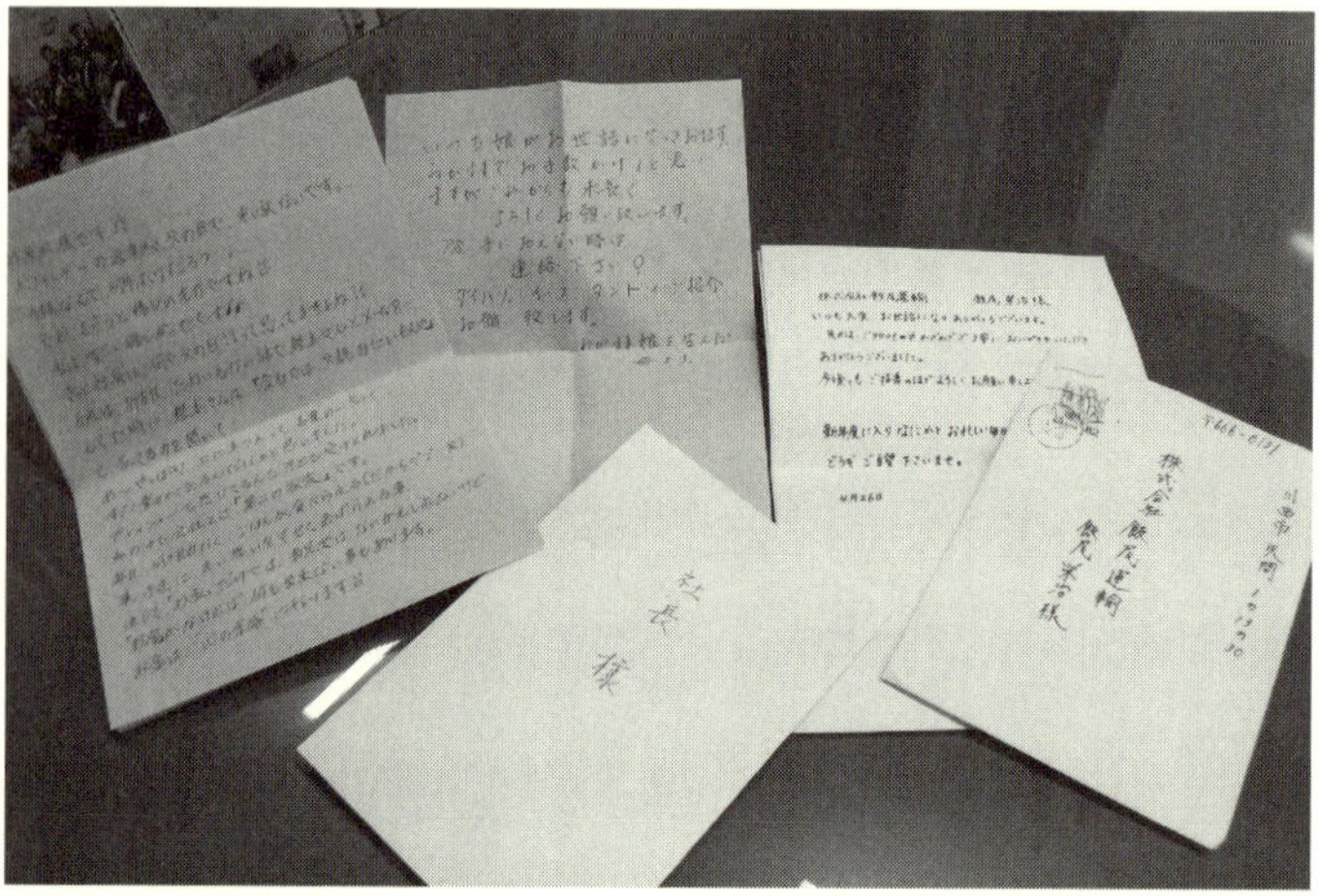

社員さんやご家族からの手紙

し出がありました。息子さんは21歳。私が面接したところ、当社にふさわしい人材だと感じたので、採用を決定。今、お父さんと同じ営業所で業務に励んでいます。

この一連の出来事がとてもうれしかったので、私は息子さんのお母さん、つまりベテラン社員の奥さんに手紙を書きました。ちょっと長いので要約すると、「この度は入社していただいて、ありがとうございます。私が責任をもって、きちんと面倒を見させていただきます」という内容です。

すると、奥さんから「よろしくお願いします」というお返事をいただきました。

こうして書いてみると、ごく普通のやりとりかもしれませんが、社長としてしみじみうれしくなりました。こういう人が増えてくだされば、当社ももっともっといい会社になっていくはずです。

こうした交流は社長からコミュニケーションを働きかけたからこそ生まれたもの。お節介を焼いた分、社員さんやご家族は会社や社長を身近に感じてくださっているようです。

お客さまへの月々のメッセージ「飯尾通信」

取引先への社外コミュニケーションもいろいろ工夫し、継続しています。

お客さまと顔を合わせてお話をし、時には宴席やゴルフをおつきあいするのは、当然のことながら経営者の大切な仕事。たいていの運送会社の社長が実行されていることだと思いますので、ここでは宴席やゴルフ以外のコミュニケーション方法をご紹介します。

社長に就任してから私が始めたのが「飯尾通信」です。Ａ４サイズの定型フォーマットをつくり、月1回自分が考えていることや感じていることを700～800文字程度の文章にまとめます。そして書き上げたものをコピーし、毎月の請求書に添えて、お客さまに郵送します。

「飯尾通信」は経営者が読まれることが多いので、経営に役立つ内容を心がけています。

たとえば、2015年4月号では、「コンセプト経営とは」というテーマで、次のような要旨の文章を書きました。

> ハーレー・ダビッドソンが販売しているのは、実は大型バイクではなく、「大人の冒険心を満たす」こと。同様に、携帯電話会社が販売しているのは高機能の携帯電話でなく、「友だちとの楽しいコミュニケーション」。では、自社の商品やサービスのコンセプトとはなにか？　「私の会社が本当に扱っているのは○○○○であって、○○○○ではない」。この○○○○に入る言葉を考えてみてはいかがでしょうか。

要約すると、ざっと右のような内容です。

たったこれだけの一文を書くにも、さまざまな経営本やビジネス本を読み、セミナーなどに足を運んで、自分へのインプットに励まなくてはなりません。

翌月の5月号では、一転して修身教育の父と呼ばれた森信三さんの「しつけ3原則」について書きました。

年配の方なら小学校で厳しく指導されたご経験がおありでしょうが、「しつけ3原則」とは、次の3つをいいます。

①朝、必ずあいさつをする。
②人に呼ばれたら、必ず「はい」とはっきり返事をする。
③履き物を脱いだら必ず揃え、席を立ったら必ずいすを入れるなど、「後始末」をきちんとする。

決して最近のものではありませんが、時代を超えた真実を伝える内容です。

①から③は当たり前のことですが、できない人が意外に多いもの。とくに運送業界では、できていない事例もあるのではないでしょうか。

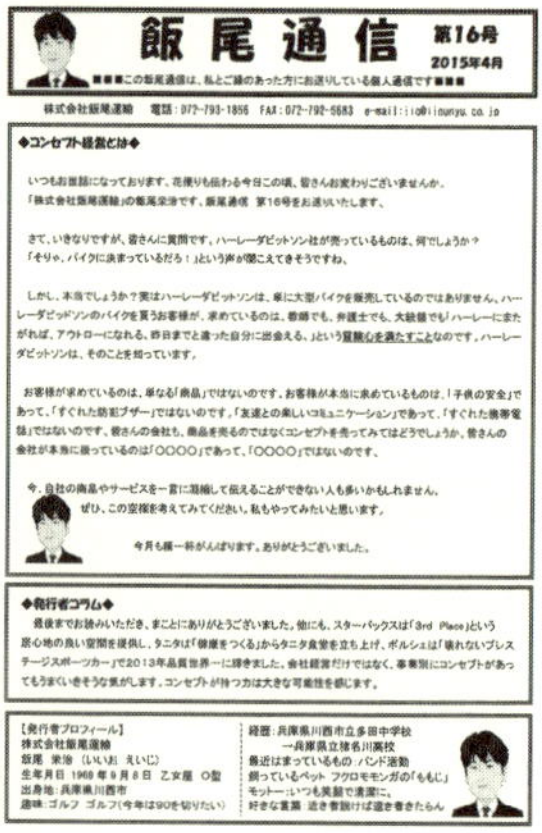

飯尾通信 第16号 2015年4月
■■■この飯尾通信は、私とご縁のあった方にお送りしている個人通信です■■■

株式会社飯尾運輸　電話：072-793-1856　FAX：072-792-5683　e-mail：iio@iiounyu.co.jp

◆コンセプト経営とは◆

いつもお世話になっております。花便りも伝わる今日この頃、皆さんお変わりございませんか。
「株式会社飯尾運輸」の飯尾栄治です。飯尾通信 第16号をお送りいたします。

さて、いきなりですが、皆さんに質問です。ハーレーダビットソン社が売っているものは、何でしょうか？
「そりゃ、バイクに決まっているだろ！」という声が聞こえてきそうですね。

しかし、本当でしょうか？実はハーレーダビットソンは、単に大型バイクを販売しているのではありません。ハーレーダビッドソンのバイクを買うお客様が、求めているのは、教師でも、弁護士でも、大統領でも「ハーレーにまたがれば、アウトローになれる、昨日までと違った自分に出会える。」という冒険心を満たすことなのです。ハーレーダビットソンは、そのことを知っています。

お客様が求めているのは、単なる「商品」ではないのです。お客様が本当に求めているものは、「子供の安全」であって、「すぐれた防犯ブザー」ではないのです。「友達との楽しいコミュニケーション」であって、「すぐれた携帯電話」ではないのです。皆さんの会社も、商品を売るのではなくコンセプトを売ってみてはどうでしょうか。皆さんの会社が本当に扱っているのは「〇〇〇〇」であって、「〇〇〇〇」ではないのです。

今、自社の商品やサービスを一言に凝縮して伝えることができない人も多いかもしれません。
ぜひ、この空欄を考えてみてください。私もやってみたいと思います。

今月も精一杯がんばります。ありがとうございました。

◆発行者コラム◆
最後までお読みいただき、まことにありがとうございました。他にも、スターバックスは「3rd Place」という居心地の良い空間を提供し、タニタは「健康をつくる」からタニタ食堂を立ち上げ、ポルシェは「壊れないプレステージスポーツカー」で2013年品質世界一に輝きました。会社経営だけではなく、事業別にコンセプトがあってもうまくいきそうな気がします。コンセプトが持つ力は大きな可能性を感じます。

【発行者プロフィール】
株式会社飯尾運輸
飯尾 栄治（いいお えいじ）
生年月日 1969年9月8日 乙女座 O型
出身地：兵庫県川西市
趣味：ゴルフ ゴルフ（今年は90を切りたい）
経歴：兵庫県川西市立多田中学校
→兵庫県立猪名川高校
最近はまっているもの：バンド活動
飼っているペット フクロモモンガの「ももじ」
モットー：いつも笑顔で清潔に。
好きな言葉：泣き言言えば追き者きたらん

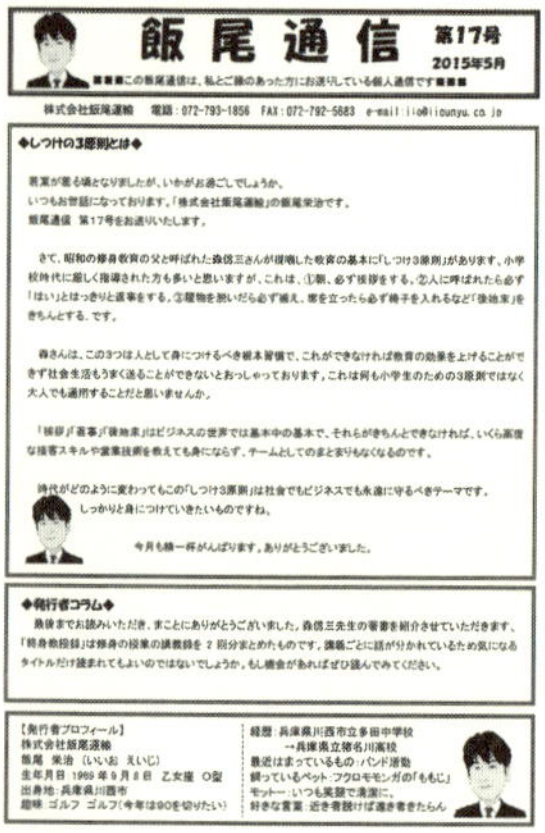

飯尾通信 第17号 2015年5月
■■■この飯尾通信は、私とご縁のあった方にお送りしている個人通信です■■■

株式会社飯尾運輸　電話：072-793-1856　FAX：072-792-5683　e-mail：iio@iiounyu.co.jp

◆しつけの3原則とは◆

若葉が薫る頃となりましたが、いかがお過ごしでしょうか。
いつもお世話になっております。「株式会社飯尾運輸」の飯尾栄治です。
飯尾通信 第17号をお送りいたします。

さて、昭和の修身教育の父と呼ばれた森信三さんが提唱した教育の基本に「しつけ3原則」があります。小学校時代に厳しく指導された方も多いと思いますが、これは、①朝、必ず挨拶をする。②人に呼ばれたら必ず「はい」とはっきりと返事をする。③履物を脱いだら必ず揃え、席を立ったら必ず椅子を入れるなど「後始末」をきちんとする、です。

森さんは、この3つは人として身につけるべき根本習慣で、これができなければ教育の効果を上げることができず社会生活もうまく送ることができないとおっしゃっております。これは何も小学生のための3原則ではなく大人でも通用することだと思いませんか。

「挨拶」「返事」「後始末」はビジネスの世界では基本中の基本で、それらがきちんとできなければ、いくら高度な接客スキルや営業技術を教えても身にならず、チームとしてのまとまりもなくなるのです。

時代がどのように変わってもこの「しつけ3原則」は社会でもビジネスでも永遠に守るべきテーマです。
しっかりと身につけていきたいものですね。

今月も精一杯がんばります。ありがとうございました。

◆発行者コラム◆
最後までお読みいただき、まことにありがとうございました。森信三先生の著書を紹介させていただきます。「修身教授録」は修身の授業の講義録を2冊分まとめたものです。講話ごとに話が分かれているため気になるタイトルだけ読まれてもよいのではないでしょうか。もし機会があればぜひ読んでみてください。

【発行者プロフィール】
株式会社飯尾運輸
飯尾 栄治（いいお えいじ）
生年月日 1969年9月8日 乙女座 O型
出身地：兵庫県川西市
趣味：ゴルフ ゴルフ（今年は90を切りたい）
経歴：兵庫県川西市立多田中学校
→兵庫県立猪名川高校
最近はまっているもの：バンド活動
飼っているペット：フクロモモンガの「ももじ」
モットー：いつも笑顔で清潔に。
好きな言葉：泣き言言えば追き者きたらん

「飯尾通信」の一例

「飯尾通信」は経営者をターゲットとするものですが、人が関心を持つ話題というのは、企業の大小、役職の上下に関係なく、みな同じです。人とのコミュニケーション、人との関わり方、人とどう接するのか。こうした話題は誰もが興味を持つことですので、今後も「飯尾通信」で取り上げていきたいと思います。

ちなみに「飯尾通信」には、葉書でも使用している私の似顔絵イラストを貼り付け、受け取った方に親しみを感じていただけるように配慮しています。似顔絵イラストがあると、私に会っていなくても会ったような気になるもの。それに似顔絵が入っているものは、捨てづらい心理効果を人に与えます。実際、お客さま企業を訪問した際、事務員の方から

「毎月楽しみにしています」

とお声をかけていただきますし、

「ファイルして保管しています」

と言ってくださる方もいます。

こうした似顔絵イラストの効果は、セミナーで知りました。「これは使える！」と思った手法はいつもすぐに真似をし、活用しています。

ドライバーのあいさつ・返事…当たり前のことこそ評価される

私はよくお客さまにアンケート調査をお願いします。当社のどこを評価してもらっているのか、求められているものはなにかを探るための調査です。回収したアンケートで、お客さまの回答に多いのが次の答えです。

「飯尾運輸さんはドライバーが元気よく明るくあいさつをしてくれる」

「ドライバーさんに話しかけたら、ちゃんと返事をしてくれる」

どちらも社会ではごくごく当たり前の常識で、前述の「しつけ3原則」の内容とも重なります。

しかし、これができていない運送会社もあるのでしょう。お客さまの当社への評価がそこにあるのは、当社の採用や人材教育がうまく機能している証で、大変有難いことです。

その一方で、

「業務内容に関する回答はないのか?」

と疑問に思われる方もいらっしゃるかもしれません。

しかし、考えてみれば運送会社が発送元からお届け先に荷物を運ぶのは当たり前のこと。事故なんてめったにありませんし、プロが手掛ける仕事にそうそう差は現れないものです。お客さまにとっては、荷物が安全・確実に運ばれるのは当然という前提の上で、ドライバーの接客態度に注目されているのでしょう。

余談になりますが、当社は電話応対を女性事務員にお願いしています。

運送会社に電話をすると、男性の野太い声で「あー、○○運輸です」と電話に出ら

祖父や父の時代の飯尾運輸

れることが多く、私でもたまに怖く感じることがあります。その点、電話での第一声がやわらかい女性の声で「○○運輸でございます」だと、電話をかけたほうも気持ちよく、安心できるのではないでしょうか。これも当社の接客戦略のひとつです。

100年の歴史で初めての情報発信

飯尾運輸は私の曽祖父の代から数えると、100年あまり運送業を営んでいます。しかし、これまで当社から情報を発信するということは、まったくといっていいほどおこなわれてきませんでした。

そこで、私は当社の情報を積極的に社

外へアウトプットすることを意識するようになりました。いくら読書やセミナーで素晴らしいことを学んでも、それをビジネスや実生活に活かさないことにはあまり意味がありません。社員さんから大切な情報を引き出しても、それに対してアクションを起こさなければ、ただ単に私の胸の中にしまっておくだけになってしまいます。

前述の「飯尾通信」にしても、「せっかくの情報をそのままにしておくだけではもったいない」と考えたのが、始めるきっかけになりました。自分が学んだ知識を発信でき、それで社外コミュニケーションが深まるのであれば一石二鳥ではないでしょうか。

ホームページもそのひとつです。

そもそもホームページは、採用や集客に役立つと思って立ち上げたものですが、企業沿革ページを書くため自社の歴史などを調べていくうちに、それまで考えもしなかった自分の先祖に興味が湧いてきました。そこで昔の話をいろいろな人に聞き回っていると、あるとき親戚が古い写真を送ってくれました。

大正後期、創業者の曽祖父は馬を使って生活雑貨の運送を始めました。昭和初期

祖父の代に使っていたT型フォードトラック

には祖父がフォード製のトラックを購入し、本格的な自動車輸送をスタート。祖父が購入した中古のT型フォードの写真を見ると、今見ても堂々たるもので、ここからひとつの事業が姿かたちを変えて現在まで受け継がれていると思うと、なにかしら胸が熱くなります。また、100年以上も事業を続けることができたのは、お客さまに恵まれたことと、代々の社長が「誠実」をモットーに事業を続けてきたからだとわかりました。

このように自社の歴史を調べたり、お客さまに当社へのコメントをいただいたりしていると、ホームページ制作には想像以上の時間と労力がかかりました。

もちろん、具体的なページづくりはホームページ制作会社に依頼するわけですが、

「何を載せるのか」

「当社の何をターゲット層に知っていただきたいのか」

などの伝えたい内容は自分で考えなくてはなりません。

また、制作会社は「どんなホームページを創りたいですか?」と最初に質問して来られます。この質問に対して私は一生懸命に説明をしたのですが、なかなか相手にニュアンスが伝わりませんでした。ホームページ制作というのは、なにもないところから目に見えるものを創りあげるわけで、現状影も形もないものを説明するのは本当に難しいことだと実感しました。

また、構成を考えていくうちに、「あれも載せたい」「これも載せないと」と欲が生まれ、どんどんページが増えていきます。結局、完成まで1年近くかかり、正直私もかなり疲れました。

ホームページから一部上場企業と直接取引も

しかし、ホームページはそれだけの手間をかけて制作する価値のあるものでした。

ホームページ公開後、ごらんになった新規のお客さまからの依頼が明らかに増えたからです。しかも、一部上場企業から依頼が舞い込むようになり、直接取引ができるようになりました。利益が２５０％になった要因のひとつがホームページにあることは、間違いありません。

現在ホームページをお持ちでない運送会社さんには、ぜひ自社ホームページの開設をお勧めしたいです。日常業務の上に慣れない業務が上乗せされるので面倒ではありますが、それだけの価値があります。

もちろん、ホームページ制作にはそれなりにコストがかかります。私は自分で営業所やトラックの写真を撮り、文章も書きましたので、その分のコストを削減することができました。

プレスリリースを発行し、メディアに登場

アウトプットの一環として当社が精力的におこなっているのが、メディアへの露出です。

メディアといっても、小さな運送会社がＴＶコマーシャルを打てるわけではありま

メディア登場の例

せんから、業界紙や業界雑誌などにプレスリリースを送り、積極的に取材を受けるようにしています。

業界紙の記者さんは私が考案するさまざまなツールやイベントを「ユニークな取り組みだ」と面白がり、記事にしてくださいます。おかげさまで7～8回紙面で採り上げていただき、記者さんたちともかなり親しくなりました。

プレスリリースは私がパソコンで自作しているのですが、当社の試みを広く社外に知っていただくのにとても役立ちます。結果的に売上にも結びつきますので、経営者にぜひお勧めしたいツールです。

メディアを活用する利点はいろいろあります。

第一に、当然当社の宣伝になり、「メディアにも登場する会社」として企業ブランディングが進みます。取引先に対してもいい話題づくりになるでしょう。

大企業はプレスリリースで新製品発表などを告知し、各種メディアを集めて大々的にお披露目会を開催します。規模はまったく違いますが、小さな運送会社が真似をしても、間違いなく効果があります。

第二に、社員さんやご家族のみなさんの会社や経営者を見る目が変わります。

「ウチの会社、業界紙に載っていたぞ」

「意外とやるんだな」

そんな会話が当社でも聴こえてきました。

メディア掲載をきっかけに、社員さんの中に会社への誇り、仕事への誇りが醸成されていく。これも重要なブランディング戦略のひとつです。

いずれは地域貢献できるイベントなどを企画し、一般紙の地方版などに取り上げられる会社を目指していきます。

第3章

社風に合う人材を採用し、風通しの良い会社に

「何度募集をかけても人が集まらない」

「苦労して採用したのに、全然続かない」……

運送会社の経営者には、こうした悩みを抱えておられる方が少なくないでしょう

実は当社も長年同じ悩みを抱えていました。

しかし、採用や人材育成に関する発想を変え、募集方法をひと工夫したところ、長続きする人材が集まるようになりました。

本章では、運送会社の社長を悩ませる採用についてお話しします。

長続きする社員を採用するには

みなさんもよくご存じのように、運送会社のドライバーの勤続年数は、他業界と比べてもかなり短いものです。一匹狼のような立ち位置で、「荷物さえ運んでりゃ文句ないだろ」という雰囲気を全身から醸し出すドライバーも、いまだに少なくありません。

しかし、経費と時間をかけて採用した人材がすぐに辞めてしまうのは、会社にとって損失以外のなにものでもありません。そこで、私は会社にマッチする人材を採用時

点で絞り込み、社長である私の想いに共感してくれる人だけ採用することにしました。

「会社にマッチする人材」とは、当社の社風に合う人材です。

当社の社風は、一般的な運送会社の社風とは大きく異なります。

社員さんのワークライフバランスを第一に考え、家族と過ごせる時間を大切にしていただく。そのため、夜間に在宅できない長距離の仕事は基本的に受けていませんし、残業もほとんどありません。休日も多く、土日はもちろんお休みです。年末年始とゴールデンウィークの休暇は、その年度の祝日配置にもよりますが、それぞれ約10日間。しかも毎年4月の新年度スタート時に1年間の業務カレンダーを提示しますので、家族旅行の計画が立てやすいのです。

社員同士や社員と経営者の交流を図る社内イベントもたくさん用意しています。年1回の「いいおまつり」というイベントには社員さんがご家族を連れて集まります。営業所のスペースを利用して、屋台を出したり、ゲームをしたり。丸1日社員さんや奥さん方、お子さんもいっしょに楽しんでいただく企画です。

ほかにも社員さんの誕生日を祝ったり、ランチミーティングを開催するなど、社内の人間関係がとても濃密な会社です。当然のことながら、社長である私も社員さんや社員さんのご家族と親しくおつきあいをさせていただいています。

ドライバー未経験者を一から育成

なぜ、社内イベントをこまめに開いてまで社内の交流を図るのか？

それは、これまでもお話ししてきたとおり、社内の人間関係を密にすることが「社員が長続きする体質」をつくり、ひいては会社の業績を引き上げることにつながるからです。

採用の際には、こうした社内イベントに参加する意思があるかどうか確認することで、当社に合う人材を見極めます。社風に合わない人材が入社しても結局なじめずに辞めていくことになり、本人にとっても会社にとっても不幸な結果に終わるからです。

以前の当社は、極端に言えばドライバー経験のある人なら誰でも採用していました。しかし、運送会社ならどこでもそうでしょうが、ドライバー経験者は仕事が続かないことが多いもの。ドライバーが辞めるたびに採用の必要に迫られ、毎回頭を痛めていました。

そこで私が社長に就任した後は、思い切ってドライバー経験のない人をドライバー候補として採用することにしました。前職は飲食店勤務であったり、衣料販売店勤務であったり、運送業とはなんの関わりもなかった人たちです。こうした人たちを入社後に一から社内教育で鍛え、一人前のドライバーへと育成します。


「ウチは小さい会社なんだ。そんな手間と時間をかけることはできない」

そう思われる経営者もいらっしゃるでしょう。

たしかに、ドライバー経験者であれば、2週間もあればひとりでトラックを運転し、荷物を運んでくれます。一から仕事を教えることも少ないですから、現場はもちろんラクができるでしょう。

一方、ドライバー未経験者が一人前に育つまでには、時間と教育が必要です。

当社の場合、入社後に座学で就業規則や社内ルール、トラックの特性などを学んだ後、OJTでひとつひとつの業務を覚えてもらいます。なにせ前職が飲食店や衣料店ですから、大型自動車免許はもちろん、フォークリフトの免許も当然取得していません。そこで4日間かけてフォークリフトの免許を取得してもらった後、当社の倉庫で2週間程度練習を重ねます。その後、2～3ヵ月はトラックの助手席に乗って助手を務めながら仕事を覚え、そのかたわら大型自動車免許の取得を目指します。各種免許の取得費用は、もちろん当社が全額負担します。

ここまでお話すると、未経験者をプロのドライバーに育成する道のりの遠さに、ため息を漏らす方もいらっしゃるかもしれません。

しかし結局のところ、こうして一から育成した人材のほうが長く勤めてくれます。なんといっても、未経験者は真っ白な状態で業界に入って来るので、先入観がありません。また、自分がなにも知らないことを自覚しているので、上司や先輩の言葉に素直に耳を傾けます。こうした姿勢こそが、当社が欲しいものです。

最初は慣れなくても、技術やスキルは繰り返し練習することで必ず身につきます。しかし、一度頭にこびりついた先入観は、なかなか払拭《ふっしょく》できるものではありません。

また、運送会社を渡り歩いてきたドライバーは、すでに自分なりのやり方を確立していて、周囲の意見を聞き入れない人が少なくありません。その結果、周囲とぶつかり、人間関係が悪くなって辞めていく……そんな光景はどこにでもあるのではないでしょうか。

私が欲しいのは技術やスキルをすでに身につけている人ではなく、当社の考え方に賛同し、当社とともに長く歩んでいこうと思ってくれる人材です。

繰り返しになりますが、運転技術や業務スキルは必ず身につきます。しかし、仕事に対する根本的な取り組み方や性格は、おそらく一生変わりません。

採用の際、見極めなければならないのは、まさにここだと思います。

自慢のトラックや高収入を謳《うた》わない求人広告

では、どうすれば会社が欲しい人材を採用できるのでしょうか?

私はまず、求人広告を出す際の当社の情報の見え方に気を配りました。

運送会社が求人誌や求人サイトに広告を出す際、保有するトラックの写真と高収入をイメージさせるキャッチコピーを盛り込むのがよくあるパターンです。

当社も以前はそうでした。しかし、旧来どおりの広告では、運送会社を渡り歩いてきた昔ながらのドライバーの応募ばかり増えてしまうことが、私も経験的にわかっていました。彼らはトラックが好きですし、お金も稼ぎたい。求人誌を開いてトラックの写真が掲載されていれば、視線が惹きつけられるでしょうし、「いくら稼げるのか」が興味の大半を占めるでしょう。

そこで私は発想を変え、当社のイベントの写真をたくさん盛り込んだ求人広告を出してみました。当社最大のイベント「いいおまつり」で社員さんやご家族のみなさんが楽しそうに食べたりゲームに興じたりしている写真や、社員さんが笑顔で並ぶ写真です。

あるアンケート調査で知ったのですが、若い世代には運送業界に対して「怖い」というイメージを持つ方が多いそうです。道路を走るトラックはとても大きいですから、自然と人に威圧感を与えてしまうのでしょう。ドライバーも体格がよく、大声でしゃべる人が多いので、そんな印象を持たれるのかもしれません。

それにしても、トラックや運送業に興味のある若い人が、「運送会社に入ったらイジメられるかもしれない」と二の足を踏んでしまうのは機会損失です。私自身はトラックドライバーというのは一般的に思われるほど気が荒くないですし、ガラも悪くないと思うのですが、なかなか一度ついた業界のイメージというのは洗い流せないものです。

その点、イベントでの社員さんやご家族の笑顔の写真は「一匹狼のドライバー」とおよそかけ離れた世界で、従来のイメージをおおいに遠ざける効果がありました。さらに私は「稼げなくてごめんなさい」というキャッチコピーを自分で考え、写真とともに掲載しました。

すると、応募してくださる人材のカラーが驚くほど変わりました。

それまでは履歴書にズラリと運送会社の社名が並ぶドライバーばかりだったのが、さまざまな業界から運送業界へ転職をめざす人が応募してくれるようになったのです。それも「アットホームな会社で働きたい」と考える人の応募が目に見えて増えました。

社長の私としては、狙いが当たり、うれしい限りです。なんといっても、会社が欲しい人材にピンポイントで募集情報を届けることができたわけですから。

さて、応募者がバラエティに富んできたわけですから、次は面接による人材選びです。

面接は社長が！　女性事務員の電話チェックも効果的

今、本書をお読みの経営者のみなさんは、社員の採用をご自身でなさっているでしょうか？

一定以上の人員規模の運送会社の場合、各支店・営業所の所長など幹部社員に任せている方も多いのではないでしょうか。

実は社長になるまでは、私も採用にノータッチでした。

しかし社長に就任後、私はすべての人材の面接を自分でおこなうようになりました。

当社は本社以外に3つの営業所があり、いちばん遠い営業所まで往復するだけで3時間かかります。そのため、私が社長に就任するまでは、各営業所の採用面接をそれぞれの所長に任せていました。もちろん、各所長はしっかりと人材を見て採用してくれていましたが、今ではドライバーも事務員もすべて私が面接しています。時と場合によっては、各所長が面接後、私が最終面接をおこなうこともあります。

それもこれも社長である私の考えをしっかり理解してもらい、当社の社風を知ってもらったうえで、大切な人材に入社していただきたいからです。

人材を見極める第一のポイントは、最初の応募の電話です。

求人広告を見た人は、まず当社に電話をかけます。

それを当社では、女性の事務員さんが対応します。

このとき、事務員さんには、電話対応の印象を「○」「×」「△」で評価してもらうようにしています。履歴書など書類情報を見る前の純粋な電話対応だけの印象です。

この事務員さんの評価が面白いように当たるのです。

電話対応でチェックするポイントは次のとおりです。

①敬語が使えているか

これから面接を受けようとしている会社に電話をしているにもかかわらず、敬語が使えない人を採用することはできません。

自分の就職先を決める大切な電話で敬語が使えないのですから、仕事でお客さまのところへ行っても敬語が使えるわけがありません。ドライバーはつねにお客さまと接する、いわば「会社の顔」です。接客態度の悪いドライバーを採用することはできませんので、電話での敬語は重要な選別フィルターです。

とくに面接に来られる人の場合、雇用主である社長には敬語を使いますが、事務員の女性に対しては気が抜けるのか、それとも素の自分が出てしまうのか、ぞんざいな態度を見せる人もいます。女性事務員はそのあたりを敏感に感じ取り、言葉づかいができていない人には「×」をつけます。

②話し方に問題がないか

たとえば、大声でまくしたてる。横柄な話し方をする。極端な早口でしゃべる。なにを言っているのか聞きとれない。こちらの話を聞かずに一方的にしゃべる……こんな人は電話でアウトです。
要は、電話でのコミュニケーションが普通に成立するかどうかをチェックします。ドライバーはお客さまへ電話する機会も少なくありません。前述のような話し方では、とてもお客さまの相手はできないからです。

応募者からの電話について事務員さんは簡単な表をつくり、「印象がとてもいい場合は○」「印象が悪い場合は×」「どちらでもない場合は△」と分けて記し、面接前に私に渡してくれます。よく「人は雇ってみないとわからない」と言いますが、最初の電話の態度が粗暴で、その後よくなった人を見たことがありません。実際に面接してみると面白いように事務員さんの評価が当たっており、採用の可否の参考になります。これから社員募集をされる経営者のみなさんにも、ぜひこの方法を試されることをお勧めします。

面接では服装をチェックし、経営理念を説明

電話チェックで「○」や「△」なら、いよいよ私が面接します。「×」の人はそもそも面接に至りませんので、これまで一度も採用したことがありません。

面接で最初にチェックするのは、当たり前のことですが、服装です。残念なことに、運送業界ではいまだにTシャツとジーンズ姿で面接に現れる人がいます。

「人は見かけによらない」という言葉もありますが、面接の場にカジュアルな服装で現れるのは社会人としての常識に欠けていますし、そもそも相手に対する敬意がないということ。それに面接の場とプライベートの外出の使い分けができないわけですから、お客さまと接するときも普段の会話の言葉と使い分けできないことは間違いありません。

こうしたTPOをわきまえない人は、大変残念ですが、前述したドライバー経験者に多く見られます。異業種からの転職希望者には見られません。

面接が始まると、私はまず当社の経営理念を説明します。

経営理念は会議室の壁に掲示しています。

【経営理念】社員が誇れるいい会社をつくりましょう

とてもストレートな表現で、業績よりも「社員」に目線を置いていることがおわかりいただけると思います。

私が会社経営でもっとも大切にしているのは、「社員第一」の姿勢。社長の仕事とは、「社員が働きやすい職場をつくること」だと考えています。

もちろん企業である限り、利益を出し続け、事業を存続させていかなくてはなりません。しかし、それ以前にまず社員さんの幸せがあり、社員さんが気持ちよく働ける会社であれば、業績も自然に伸びていくことを社長就任以来実感しています。

こうした私の想いを経営方針とともに説明すると、面接を受けに来た人の大半が、こうおっしゃいます。

「この会社って、すごく社員を大事にしていますよね」

おそらく私の説明を聞き、求人広告の写真や募集内容を見てそう思われるのでしょう。

面接前に当社のホームページに目を通しているか

次に、私は「当社のホームページを見ましたか?」と質問します。

当社はそれなりにコストをかけ、コーポレートサイトを立ち上げました。飯尾運輸の会社概要、業務内容、沿革、保有するトラックや営業所の様子、お客さまやスタッフの声、そして社長の私のあいさつなど、かなり充実した内容だと思います。自分がこれから働くであろう職場の様子や、乗るかもしれないトラックがよくわかりますので、常識で考えればホームページぐらいは面接前にチェックしてくるのが当然だと思います。

結果として、異業種からの転職希望者は必ずホームページを見て来られます。しかし残念なことに、ドライバー経験者はまず見て来られません。

もちろん、ドライバー経験者が一方的に悪いわけではありません。ホームページを持つ中小運送会社は少ないですし、そもそもホームページで面接企業を調べるという発想自体が業界にないからです。

しかし、今やあらゆる業界で自社のホームページを持つことは常識となっています。かなり以前から、就職活動をする学生は企業のホームページで業務内容をチェックし、自分に合う企業なのか、一生勤めたい企業なのかを検討します。これはリクルート学生の大企業集中に拍車をかけた一因でもありますが、そもそもホームページがない企業はその時点で学生の対象外。「今どきホームページもないのか」と思われるのがオチでしょう。

「ウチはお節介を焼く会社だよ」

その後、当社の社風や沿革を説明します。

年間の休日も多いし、社内イベントも多い。社内イベントはご家族も参加できるものがあるので、できる限り参加してもらいたい。社員と社長はもちろんのこと、社員同士の親睦と交流も大切にする――そんな当社の社風を私は次の言葉で表現します。

「ウチはお節介を焼く会社なんです。社内行事も多いです。あなたにできますか?」

この時点で、一匹狼のドライバーには拒否反応を示す人が少なくありません。ちなみに、面接時点から一匹狼のオーラを出している人には、

「ウチはお節介を焼く会社だから、関わってほしくないならやめておいたほうがいいよ」

と、はっきり宣言します。

社長である私の想いと入社する人の想いにズレがあると、採用しても結局長続きしません。これでは、入社してしまった人にも不幸ですし、当社にとっても不幸です。また、社員さんが辞めていくときというのは、円満退社を除けば、社内の空気が悪くなることが少なくありません。こうした誰も喜ばない事態を避けるためにも、採用という入口の時点で互いの想いを確認し、納得してくれた人だけ入社してもらうようにしています。

当社に入ると、社長や他の社員があれこれと話しかけてき、いろいろな行事に誘われる職場が待っています。多数派ではありませんが、ドライバーの中にも社内の交流

を好む人はいます。さらに異業種からの転職者となると、さほど抵抗を感じない人が多いようです。

もちろん、ご家庭の都合や家族の大切な行事と重なれば欠席もいたしかたありません。ただ、基本的に一匹狼で動くのではなく、社内の親睦と交流を受け入れてほしいと説明します。

当社が採用するのは、こうした私の考え方に共感し、社風を理解してくれる人材です。ここまでしっかり説明すれば、人とのコミュニケーションを嫌がる人は入社してきません。

面接では私ばかりが話すのではなく、私と入社希望者がフィフティ・フィフティで発言するよう誘導します。私も当社への志望動機を聞き出したいですし、相手の人柄を知るためにもいろいろ話してもらいたいことがあるからです。面接ですので緊張してあまり話せない人も多いでしょうが、どんな相手からも言葉を引き出す「質問力」も社長は磨くべきだと思います。

人口減の時代には戦略的な採用が必須

私が社内イベントに力を入れ始めたのは、社長に就任する前後から。事業所が増え、社員が増え、人と人との交流が薄くなってきたと感じたからです。

私の父が社長の時代は社員さんも10名程度で、わざわざ親睦を図らなくても自然に毎日顔を合わせ、社員さんの情報がなんとなく入ってきました。社員のAさんが突然休むと聞いても、

「Aさん、今日休み？」

「そういえば、奥さんが体調悪いって言ってたよ」

というふうに、社員さんの周辺情報を察することができたのです。

しかし、営業所が3ヵ所になり、社員数が60名を超えると、社員の情報は努力して入手しないと社長のもとまで入ってきません。密な社内イベントは社員のことをより深く知るための手段であり、社内の雰囲気をよくするための潤滑油なのです。

こうして採用した社員さんは、早期に退職することなく、仕事が継続します。採用

という入口で当社の雰囲気に対して合意ができており、納得して入社されるからです。

当社のいろいろなイベントのことも面接の時点できちんと説明していますので、ごく当然のようにご家族とともに参加してくれます。社員さんやそのご家族はイベントで他の社員さんたちとも会話をしますし、私ともフェイス・トゥ・フェイスで話をします。そんな対話の中から、社員さんやご家族が求めるものがわかり、社員のモチベーションを引き上げるヒントが見えてきます。

私は普段本社におり、各営業所には毎月必ず顔を出すのですが、そこでよく社員さんと立ち話します。新入社員に決まって尋ねる質問は、

「どうしてウチの会社を選んでくれたの？」

すると、

「毎日家に帰れますし」

「休みが多いんで」

という答えが驚くほど多いのです。

サービス業からの転職者に同じ質問をしてみても、答えはほぼ同じでした。

「土日に休めるのがいい」

「年末年始やゴールデンウィークに長期の休暇が取れるから」

サービス業は世間が休みのときほど忙しく、週末や年末年始・ゴールデンウィークに休みが取れない方がほとんどです。そのため、休みがしっかり確保できることを重視して、当社を選んでくれていたことがわかりました。

また、ドライバー経験者もサービス業からの転職者も口を揃えたのが、次の言葉です。

「家族と過ごせる時間が長いから」

昔は家族がいるのかいないのかわからない一匹狼が多かったドライバー気質も、時代とともに変化しているのでしょう。

こうした人材の質的変化を敏感に捉えないと、今後の人口減社会では採用の苦労が続くと思います。採用も戦略的におこなわないと、事業を安定して持続できない時代になりつつあります。「戦略的に考える」というと、なにかとてもインテリジェントなことをしているように見えるかもしれませんが、要は現場から声を拾っているだけ。こまめに営業所に足を運び、ドライバーや事務員さんに話しかけ、彼らが求めているものを会社として提供するだけです。

女性を戦力として活用する

採用に関して、今後積極的に進めたいのが女性の活用です。

2015年5月現在、当社には女性の事務員さんが5名（うちパート社員が3名）、ドライバーと倉庫作業員も各1名在籍しています。

運送会社のご多聞に漏れず、これまで当社も女性を積極的に活用してきませんでした。それもこれも業界に根強く残る
「女性に運送業の仕事ができるわけがない」

という先入観がそうさせていたのです。

しかし改めて考えてみると、当社の業務の95％以上がフォークリフトで作業するパレット積みの荷物ですので、そもそも腕っ節が必要ありません。

そこで思い切って女性ドライバーと女性倉庫作業員を雇用してみたところ、これが予想以上に優秀でした。フォークリフトの運転も最初は男性ほど上手ではないかもしれませんが、女性は真面目ですのでコツコツ努力します。すると、いつのまにかフォー

クリフト技術も上達し、今では営業所でいちばんの使い手です。

そして、女性が職場にひとりでもいると、やはり雰囲気が明るくやわらかくなります。その効果は私の予想以上でした。

この戦力を活用しない手はありません。当社は今後さらに積極的に女性を採用していく予定です。

また、以前は入ってくる仕事に合わせて人を採用していましたが、今後は採用した人に合わせて仕事を受注しようと考えています。フォークリフト使用の仕事や、重量10kg以下の荷物なら女性でも充分運べますので、そこにターゲットを絞って営業活動をするわけです。そのため、最近新たに軽貨物事業を立ち上げました。

軽貨物事業は一般貨物事業とは適用される法律が異なるため、個人事業主として独立することもできます。そこに女性ドライバーや高齢者ドライバーに参加していただければ、子育てが一段落した主婦の方や、まだまだリタイアするには早過ぎるお元気な高齢者が仕事を得ることができます。働き方は人それぞれ。当社の専属になってもらってもいいですし、当社以外の仕事を自分で獲得して来てもいい。この新事業のために、当社は「軽貨物運送サービス」というホームページを立ち上げ、登録者を募っています。

軽貨物事業は、運送業界の「ラストワンマイル問題」を解決する一手になると私は考えています。長距離輸送は協力会社と力を合わせてどうにか乗り切れますが、最後の最後にお客さまの手元に届ける小口輸送が深刻な人手不足であることは、運送業界の方なら誰でもご存じでしょう。今後、人口はどんどん減っていきますし、その一方で高齢化やインターネットショッピング、買い物難民の増加などにより小口荷物の輸送量は増えていきます。ニーズは確実にあるのですから、私たちは「運送業界で働きたい」という女性や高齢者をどんどん活用するべきだと思います。

大企業出身の優秀な高齢者を再雇用

当社は高齢者も積極的に活用しています。高齢者といっても60代～70代前半の方々で、「高齢者」とひとくくりにするのが申し訳ないほどお元気です。

当社は自動車メーカーさんや自動車部品メーカーさんと多く取引をいただいていま

す。そこで私は取引先メーカーを定年退職された方々にお願いし、当社に再就職していただきました。というのも、当社の経営陣は社長の私をはじめ40代ばかり。どうも会社としての重みが足りないと思っていたところに、取引先でとても優秀な管理職の方々と知りあうことができたからです。

たとえば大企業で80人の部下を指揮していたAさんは、当社のような規模の会社では考えられないほどの高いマネジメント力を持っています。長年大企業に在籍し、質の高い社員教育を受け、視野が広く、管理職として人のマネジメントも上手い。そんな素晴らしい人材が、60歳になったからという理由だけでリタイアし、仕事をしなくなるのは実にもったいないこと。そう考えた私は、

「ぜひ当社に入社してください。長年マネジメントをされてきたスキルがここで失われるのは機会損失です。ぜひ当社に来て、後世に伝えてください」

と、2年間口説き続けました。

大企業に勤務していた60代70代の人材はリタイア後の経済的な心配がほとんどなく、正直お金のために働く必要はありません。当社で働くメリットがお金でないとす

れば、他の面で魅力を感じていただくしかありません。そこで私は、Aさんがこれまでの人生で培ってきた経験や知識を誰かに伝えることが社会貢献になるという、その1点でお願いし続けました。その結果、私の熱意が通じたのか、Aさんには当社に安全室長として入社していただけることになりました。

70代のBさんも大企業出身で、当社ではISO担当をお願いしています。Bさんは70代にしてパソコンを悠々と使いこなし、入社後すぐに当社の業務内容を理解して、各種書類をまとめてしまわれました。BさんやAさんがよくおっしゃるのが、

「すべての業務内容やプロジェクト内容を、A3サイズの1枚の書類にまとめよ」

なぜ、この業務を実施するのか。その背景にはなにがあるのか。実行に当たって具体的になにをするのか。どんな手順で進めるのか。問題点とその対策は？　そして業務を実行したことにより予測できる効果は？

要は業務のすべての流れを1枚の書類に収めるわけです。初めてその書類を見せてもらったとき、私は思わずうなってしまいました。

「大企業とは、こんなふうに仕事をするのか」

書類1枚ならパッと見て全体を把握できますし、効率よく人に伝えることができま

す。なにをすればいいのかよくわからないときや、なにか迷いが生じたときも、その書類に立ち戻れば大きく方針を外すことはないでしょう。

こうした優れた企業文化が当社に根づき、未来へ伝えて行けたら素晴らしいことです。今では女性事務員も書類作成でわからないことがあればBさんに質問に行きますし、私自身も教えていただくことがたくさんあります。

雇用のミスマッチを未然に防止せよ

それにしても、高齢者や女性をはじめ、社員さんと話していて感じるのは、「人はお金のためだけに働いているわけではない」ということです。もちろん、お金が大切なことは言うまでもありません。「お金がすべて」という人も、なかにはいるでしょう。

しかし、前述の大企業出身の方々なら、当社よりいい条件で再雇用してくれる企業が必ずあるはずです。それでも当社を選んで働いてくださっているということは、お金以外のやりがいや評価が入社動機になっているのだと思います。

実は当社の給料は、運送業界でも決して低いほうではありません。実際、過去に退職していったドライバーの事例を検証したところ、退職理由はお金の不満ではなく、人間関係の不満や業務内容の不満、「自分が正当に評価されていない」と感じての不満が多いことがわかりました。

よくある退職の経緯をお話しましょう。

仕事ができる、あるドライバーを管理職に昇進させました。彼には部下のドライバーのマネジメントを頼みたかったのですが、どうもうまくいかず、部下との人間関係に悩み始めました。悩んだ挙句に私のもとを訪れ、「退職したい」と申し出た後に口にしたのが次の言葉です。

「私は管理職になりたくて、この会社に入ったわけじゃないんです」

ドライバーはトラックを運転することが好きですから、基本的に現場を離れたがりません。彼もまた部下を指導しながら自分もトラックに乗るプレイングマネージャーだったのですが、「マネジメント」より「プレイ」の方に重きを置いていたようです。この失敗は私も何度か繰り返しました。

単に「仕事ができるから」という理由だけで管理職に昇進させると、部下のマネジメントでつまずき、人間関係がおかしくなって退職する。つまり、「仕事ができる」ことと、管理職やリーダーの素質はまた別のものなのでしょう。

聞くところによると、今は大企業でも「出世したくない」という人が増えているそうです。

それならば、採用の時点で管理職になりたい人と、なりたくない人に入口を分けるべきです。また、きちんとした評価制度をつくり、「当社が望む管理職像」をあらかじめ提示し、一定項目に該当したらキャリアアップさせることを入社の時点で示すことが理想です。会社側がそこまですれば、雇用後のミスマッチをかなり防げるのではないでしょうか。

評価制度のメリット・デメリットに関しては、いろいろな意見があるでしょうが、優秀な人ほど「評価されたい」と思っていることは間違いありません。ただお金をもらえるだけではない。人に認められたい。人に誉められたい。人に承認されたい――入社後の社員さんのそんな気持ちに応えてあげれば、早期退職する人が減り、勤続年数も伸びるはずです。そこで私は日常の職場で「誉める」ことや、社内表彰制度の充実に力を注いでいます。その内容は第４章で詳しくご説明します。

第4章

社内コミュニケーションを円滑にする社長の行動

ここまで社長就任以来の改革と仕組みづくりや、それに伴う効果的なツールなどをご紹介してきました。

しかし、社長業を始めてつくづく思うのは、根底に人間関係がないと、どんな仕組みもうまく機能しないということ。仕組みと人間関係は両輪であり、両方をバランスよく進めることで初めて経営改革が進んでいきます。

社員全員のフルネームを覚えているか

社員さんと良好な人間関係を築くためには、まずは社長が社員さんに関心を持つことです。

マザー・テレサに有名な言葉があります。

「愛の反対は憎しみではなく、無関心である」

朝日新聞の天声人語などにも取り上げられたので、ご存じの方も多いでしょう。実に人間の本質を突いた言葉だと思います。

そもそも人は互いに興味や関心を持ち、互いに認め合って人間関係を築いていきます。自分に関心を払ってくれない相手に、誰が好感を抱くでしょうか?

ですから、私はつねづね各営業所長に
「部下に関心を持ってください」

と言い続けています。

さらに毎日各営業所長に
「昨日、なにかあった？」

「体調が悪い社員さんはいなかった？」

などと質問します。

第1章でも述べたとおり、悪い情報ほど社長のところへ届かないもの。ひととおり聞き出し、「Aさんが体調が悪かった」と聞けば、すぐにAさんへ電話を入れます。小学生でもLINEやメールを使いこなすご時世に大変アナログな話ですが、人間関係というのは小さなところから構築しなければならないと思っての行動です。


前述のとおり、私は日頃から「社員情報ノート」をつくり、ご家族の名前や誕生日などを記録しています。とくにお子さんの名前を呼んで「○○くん、元気？」などと社員さんに話しかけると大変喜ばれます。社長は社員さんのフルネームはもちろんのこと、お子さんのフルネームを覚え、漢字を書ける程度まで知っておくべきだと思います。

当社は現在60名ほどですが、私は全員の氏名とご家族の名前を記憶しておくため、毎朝「社員情報ノート」を開いています。さらに、配車表と写真入りの社員名簿を突き合わせ、その日の配送ルートを確認し、

「Bさんは今日、あのルートを走ってくれているんだな」

と考えたりします。

あくまでも現段階での推測ですが、100名までなら誰でも社員全員のフルネームを覚えられると思います。私が尊敬する奈良の運送会社の社長さんに、社員10名の会社を1000名規模まで育て上げられた方がいます。その方は1000名の採用面接をすべて自分でおこない、その結果顔と名前が一致するそうです。

運送会社の8～9割は社員数30名以下。1000名や60名でもできるのですから、30名以下ならできないはずはありません。

コーヒーの銘柄を覚えて「缶コーヒー交流」

ほとんどの場合、人間関係とはちょっとした会話から始まります。

私の場合、各営業所を訪れたとき、缶コーヒーの自動販売機の前で交わす会話が人間関係構築のとても効果的な手段となっています。

「自販機の前の立ち話でいいのか?」と思われるかもしれませんが、会議室の中で社長と1対1になると、誰でも構えてしまい、本音が出てきません。その点、仕事の合間のブレークタイムにやって来る自動販売機の前なら、ドライバーさんもリラックスしていますし、何人かたむろしているので私も効率よく話を聞き出すことができます。

自販機の前に行くときは、事前に小銭を多めに用意します。そして、

「なに飲む?」

と社員さんに話しかけて、会話の糸口をつかみます。

このコミュニケーションのポイントは、一度缶コーヒーを一緒に飲んだら、その銘柄をしっかり覚えておくこと。Cさんはブラック、Dさんはカフェオレなど、コーヒー

は人によって好みがはっきり分かれ、その嗜好習慣はかなり強固です。

そして次に営業所に行ったとき、社員さん分の缶コーヒーを購入しながら、

「Cさん、今日もブラック？」

と話しかけると、

「どうしてブラックってわかるんですか？」

とCさんは驚きます。

「こないだブラック飲んでたでしょ？」

「えっ、覚えていてくれたんですか？」

ここまで会話が進むと、誰もがとてもうれしそうな顔を見せてくれます。

そこから世間話に入ると、社員さんの緊張感や警戒心も解けて話が弾みます。

なかには女性事務員のように、自販機前にたむろしない社員さんもいます。

そんなケースでも、なにかの機会に飲み物の銘柄を覚え、ときどき持参すると効果的です。ある営業所の女性事務員さんはリプトン紅茶が好み。それを知って以来、道すがら購入し、1本持参すると本当に喜んでくれます。

缶コーヒーも缶紅茶も金額にすれば微々たるもの。それでも人を喜ばせることができます。

相手が話したい話題を見極め、「質問力」で対話

「缶コーヒー交流」の話題はおもに趣味のことや家族のこと。仕事の話はまずしません。会議室ではなく、気楽な場所だからこそプライベートな話題も出ますし、冗談も出るのでしょう。

会話を広げていくのに必要なものは「質問力」です。私は普段から「質問力」をとても重要だと考えています。

「休みの日はなにしてるの?」

と質問して、

「アマチュア無線です」

という答えが返ってきたら、即座にアマチュア無線について質問します。

「どんな機械が必要なの?」

「どんなときに使うの?」

「いくらぐらいかかるものなの？」

「どんなとき、いちばん楽しいの？」

質問を考えはじめたらきりがないほどです。

仮に自分がまったく興味を持てない趣味や、まったく知識がない趣味でも、

「あ、アマチュア無線やってるの？　そんな特技があるんだね。どんな感じ？」

「そうなの？　すごいね！」

と水を向けるだけでも、人はどんどん話をしてくれます。自分の好きなことは誰かに聞いてもらいたいからです。


社員さんとの雑談でよく登場するのが、お子さんの話題です。

お子さんの名前や誕生日などは普段から「社員情報ノート」に記録していますが、ここでもおおいに情報収集が進みます。お子さんの部活動がサッカーとわかれば、その活動ぶりで盛り上がります。子どもがこんなことをした、あんなことがあった……お子さんの話題はおよそ尽きることがありません。このとき、前述のようにお子さんを下の名前で呼んであげると、とても喜ばれます。

大変小さなことかもしれませんが、この「缶コーヒー交流」は私と社員さんたちの距離をぐっと近づけてくれました。

女性を活用するためのコミュニケーション術

「社員さんに関心を持つ」という面で、とくに重要なのが女性社員への関心です。女性は相手が自分に関心を持っているかどうかを敏感に察知するからです。

第3章でもお話ししたとおり、今後当社は女性の積極的な活用を考えています。そのため、現在在籍する女性社員のモチベーションもどんどん引き上げたいところです。

女性の場合、小さなところでは、ヘアスタイルやネイル、ファッションが変わったときにかけるひと言が印象に残るようです。

「髪型変えたの？　いいね」

「今日は新しい靴だね」

など、ほんのひと言でかまいません。それだけで女性は、「社長は私のことをよく見てくれている」と思うもの。逆にあまりしつこく言うのはＮＧです。

「そんな細かいところまで気がつかないよ」

「女性にどのように声をかけたらいいのかわからない」

とおっしゃる方は、地元の美味しいお店の話題を振ってみてはいかがでしょうか。

女性は美味しいお店の情報を実によく知っています。私も外食が好きでよく食べ歩くのですが、女性社員の情報はとても役に立ちます。こんな情報交換がきっかけで、会話が増えるかもしれません。


女性社員と良好な関係を保つには、定期的なスイーツの差し入れも欠かせません。

私も月2回程度、外出先でスイーツを購入し、会社に持ち帰ります。

差し入れるタイミングはとくに決めていません。決まった曜日にしか出勤しないパート社員さんもいるので、女性が全員揃う日を狙って購入します。出張帰りにお土産でスイーツを持ち帰ったり、地方の名産品をお取り寄せするのも効果的です。そして休憩時間に「ケーキでも食べようか」と声をかければ、女性はあっという間に全員集合し、自然に会話がはじまります。

男性同士でもご経験があると思いますが、いっしょに食べたり飲んだりしながら会

話をすると、一気に人間関係の距離が縮まるもの。第1章で詳しくお話ししたランチミーティングもそうですが、なにか食べながら
「週末、何してた？」

と聞けば、

「子どもの野球の試合がね…」

と自然にバラエティに富んだ話題も出てきます。


また、女性は言葉の数が多く、自分のこともよく話しますが、他の社員さんの情報を本当に豊富に持っています。

「あのドライバーさんにはこんな趣味がある」

「あそこのお子さんは勉強ができて、レベルの高い塾に通っている」

……などなど、社長の私が聞き出せない情報が次から次へと出てきます。女性同士のネットワークもあるのでしょうが、その情報収集能力の高さには舌を巻くばかりです。こうした情報提供は私にとってとても有難いもの。小耳に挟んだ情報を持って「缶コーヒー交流」に参加すれば、ドライバーさんと話がいっそう盛り上がるでしょう。

毎日サンクスカードに書くネタだって集まります。

要するに、女性社員との交流はインプットにもアウトプットにも役立つネタの宝庫なのです。

女性への誕生日プレゼントは全員必ず同じもの

当社の女性事務員さんは現在5名ですが、それぞれの誕生日にささやかなバースデープレゼントを贈っています。ちなみに、今年のバースデープレゼントはロクシタンのハンドクリームでした。

ロクシタンは女性にとても人気のあるフランスのスキンケア化粧品メーカーです。ハンドクリームも人気ですが、価格は国産量販品の数倍。当社の女性社員さんは主婦が多いので、住宅ローンやら子どもの教育費やらを考えると、ロクシタンのハンドクリームは気軽に購入できないアイテムです。この「自分のためには買わないが、人からプレゼントされたらうれしい」というものを贈ることがポイントです。

事務員さんの行動を観察すると、水仕事の後は必ず手にハンドクリームを塗っている。ハンドクリームをプレゼントしたら喜ばれるのだろうか？　贈るとすればなにがいい？　そんなことを周囲の女性に質問すればなにを贈ればいいのか、おおよその見当がついてきます。あとはインターネットで調べて購入するだけ。案の定、プレゼントすると大変喜ばれ、愛用してくれています。

女性社員にプレゼントする場合、絶対に気をつけなくてはならないのは、「全員に同じものを贈ること」。

女性同士は情報が早いですし、社長が誰になにを贈ったかという情報はあっという間に伝わります。このときプレゼントに差をつけたりしたら、女性同士も気まずくなりますし、社長への評価もガタ落ちです。女性には平等に接すること。仮に群を抜いて仕事を頑張ってくれている女性がいたとしても、プレゼントは平等が大原則。ですから、私も人数分まとめ買いしています。

女性は答えを求めず、プロセスを重視する

また、女性と話すとき、ひとつ注意しなくてはならないことがあります。それは、「女性は必ずしも答えを求めているわけではない」ということ。

子育ての悩み、ご近所づきあいの悩みなど、女性が自分の悩みを延々話したとします。男性としては思い浮かんだ解決策を提示したくなるのですが、ここで提示しても女性は喜びません。むしろ、「こうしたら？」と言われてムッとし、「そういうことじゃなくて！」と怒り出してしまうことも少なくありません。私も何度もそういう会話を体験しました。相手のために一生懸命解決策を考えているのに、どんどん相手の機嫌が悪くなり、論点がズレていくことが不思議でなりませんでした。

しかし、あるとき心理学の本を読んで理由がわかりました。

女性は解決策など求めていません。ただ、話を聞いてもらいたい、同調してもらいたいのです。これがわかったとき、長年の疑問が解け、「なるほど」と合点がいきました。

男性脳を持つ人間としてはどうしても解決したくなるのですが、そこをぐっと堪え、「ああ、そうなんだ」「大変だね」と相槌を打ち、ひたすら話を聞くこと。ひととおり話を聞いてもらうと女性はスッキリした様子で、「まあでも頑張るわ」と自分の中で折り合いをつけることができます。

また、女性は男性よりもプロセスを重視します。男性は結果だけ見て物事を判断しますが、女性は「こんなに頑張ったんだから」とプロセスも評価します。だからこそ、「わざわざスイーツやバースデープレゼントを買って来てくれたんだ」と、物事の過程やそこにかかった手間や時間を評価してくれるのです。

日報のやりとりを通して事務員とコミュニケーション

実は以前から私は、「ドライバーと違って、事務員さんの業務内容はどうもわかりにくい」と感じていました。

働いている様子を見ると、忙しそうにパソコンや書類に向かっています。「忙しい？」と質問すると「忙しいです」と答えが返ってきます。しかし、いったいどんな業務に時間を取られているのか、正直よくわかりませんでした。

そこで、事務員さん専用の「業務予定管理票」をつくり、その日におこなった業務をすべて記入してもらうことにしました。つまり事務員さん用の業務日報です。

事務員さん全員の業務日報を一定期間観察してわかったのは、事務の仕事というのは細々としていて、しかも予定外に入って来る「差し込み」作業が多いんだな、ということ。

たとえば、掃除に40分間かけている日があり、

「掃除にこんなに時間がかかるの？」

と質問すると、

「掃除中に来客があって、お相手をしていたんです」

という答えが返ってきます。「なるほど」と思い、

「次は差し込みの来客のことも書いておいて」

と右端に「差し込み」仕事の欄を設けました。

すると、「差し込み」仕事が予想外に多いことがわかってきました。しかも特定の人から仕事を頼まれている傾向が見えてきます。

「あの人からこんなに仕事を頼まれているんだね」

と事務員さんに言うと、

「社長がわかってくれている」

と、うれしそうな表情を見せてくれます。

こうして事務員さんの日々の業務の内容が徐々に把握できてくると、「ここまでの業務は営業所がするべき。本社の業務は次の段階から」といった業務分担の判断も下せるようになります。


翌日にたくさんの仕事が予定されている場合は、

「いちばん優先順位が高い業務はどれ？」

と、優先順位を本人に考えさせ、各業務にどれくらい時間がかかるのか予想して予定を立てます。そして、翌日は予定どおりの順に業務をこなしてもらいます。優先順位を考える習慣をつければ、本人も業務をより広い視野で捉えるようになりますし、仮に終業時間に予定した仕事がすべて終わっていなくても、「優先順位の低い仕事なんだから、翌日に回してもよい」という判断ができます。


業務日報は事務員さんを監視するためのものではなく、業務の配分を最適化し、効率よく仕事をして、定時に退社してもらうためのもの。同時に、業務内容をともに見

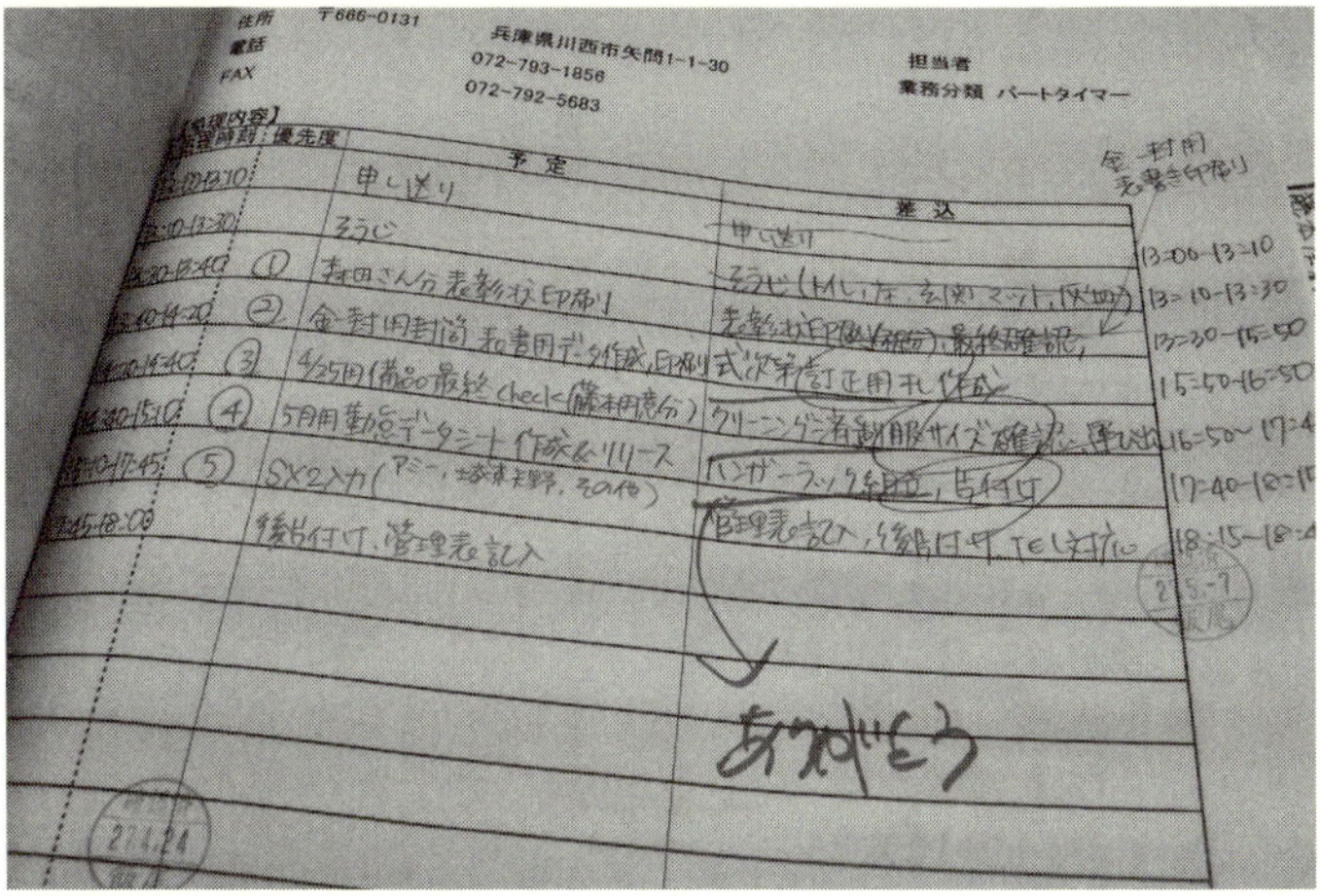

業務予定管理表

直すことでコミュニケーションになり、事務作業への社長の理解も深まります。

つまるところ、上司の仕事とは、部下が自分で立てた目標を達成させること。達成できない場合は、「なぜできないのか？」「どうすればできるようになるのか？」をともに考え、導いていくことだと思います。

事務員さんたちは毎日退社前に業務日報を記入し、私に提出します。なかには各業務の予想時間だけでなく、実際にかかった時間を欄外に書き入れてくれる人もいます。私はそれに目を通し、必ず赤字でコメントを書き入れます。コメント

は本当に短いものでよく、

「ありがとう！」

「お疲れさま！」

「○○はどうなりましたか？」

など、コミュニケーションにつながればそれでオーケー。

「いつも見ているよ！」とアピールし続けることが大切です。

仕事の話はＮＧ！　食事や酒席で楽しく交流

先に少し触れましたが、食べたり飲んだりしながら話をすると相手にぐっと近づけるのは、コミュニケーション術の基本でしょう。世の中の営業担当者がお得意先を宴席に誘い、お酒や美味しい食べ物で親しくなっていくのは、食べ物やお酒の効力をよく知っているからです。

私もときどき社員さんを食事やお酒の席に誘います。

実のところ、私はお酒がほとんど飲めません。ビール１杯で顔が真っ赤になるほどで、飲めない私が飲める社員さんにつきあうのは正直大変です。しかし、お酒の席には誘うだけの価値があります。アルコールが入ると、人は本音を口にするからです。

運送業というと世間的にはすごく飲むイメージがあるかもしれませんが、当社の社員さんには飲む人はさほど多くありません。飲める人もいるにはいますが、当然ながら翌日の仕事に響くような酒量はもってのほかです。

今はまだ実行できていませんが、今後は「社長と飲み会」を企画しています。社員さん3～4人と私が飲みに行くもので、社員さんは毎回メンバーを変え、持ち回りで飲み会に参加してもらう計画です。3～4人にするのは、1テーブルでじっくり話ができる人数の上限を考えてのこと。もちろん、管理職の方々とも同様の飲み会を企画しています。

社員さんと食事をしながら話すとき、仕事の話題は取り上げません。

むしろ、プライベートな話題、家庭の話題がほとんどです。男性社員にせよ女性社員にせよ、プライベートな話を始めてくれると、

「ああ、心を開いてくれているんだな」

と感じます。相手にプライベートな話をしてもらうには、まず自分のプライベートを開示すること。人は心を開いてくれた相手に、自らも心を開きます。一方的に相手の情報だけを引き出そうとしても、警戒心を抱かれるだけです。

プライベートの話題は、やはり「缶コーヒー交流」と同じく趣味の話やご家族の話です。

「週末、なにしてたの?」

という切り口からキーワードを拾い、会話を広げていきます。

「釣りに行ってました」

という答えが返ってきたら、

「ああ、この人は釣りが趣味なんだ」

と意外な一面を知ったことでうれしくなります。

「クルマを改造して展示会に出すんです」

という答えに

「すごいね!　もっと聞かせてよ」

と返すと、堰を切ったように話してくれる人もいます。

こうした会話からEさんは「釣り」、Fさんは「クルマの改造」というキーワードが導き出されます。こうしたキーワードは食事を終えて帰宅後、「社員情報ノート」に書き入れます。記憶力に自信がなければ、その場でメモを取るのもいいでしょう。

実は、私はいつも胸ポケットに小さなメモ帳を入れており、なにかアイディアを思いついたときや、覚えておきたいことをその場でメモします。

社員さんと話をしている最中に
「ちょっと待ってね」

と胸ポケットからメモ帳を取り出し、相手の発言を書き留めると、とても喜ばれます。

「私が言ったことを真剣に捉えてくれている!」

と思ってもらえるのでしょう。「書く」という行動は、それだけ真剣味を持って受け止めてもらえるものです。

私としては「忘れないためにメモしている」のであって、イメージアップ効果を狙ったパフォーマンスでは決してありません。しかし、「社長が目の前で私の言ったことをメモしている」というのは、社員さんにとってどうやらとても印象がいいようです。

相手から好感を持たれる聞き方とは

人の話を聞くとき、より多くの情報を引き出すために、私が心がけていることをご紹介しましょう。

まず、基本的にうなずきながら聞くこと。

自分では相手の話を真剣に聞いているつもりでも、目に見える表情やしぐさに変化がないと、相手は「真剣に聞いてくれているのかな?」と不安に感じます。うなずく、身を乗り出す、ほほ笑むなど、身体的表現は相手から話を聞き出す際にとても重要です。

適度な相槌も必要です。相手が完全に黙り込んだ状態で、延々しゃべれる人などないでしょう。うなずきや相槌は「私はあなたの話を聞いています」という意思表示ですので、会話の際は必須です。

相手のしぐさに自分も合わせる「ミラーリング」という心理学的手法も効果的です。相手がうなずくと自分もうなずく。相手が身を乗り出せば、自分も乗り出す。相手がお茶を飲めば、自分もお茶に手を伸ばす……

人が人を好きになるきっかけのひとつに、自分と似た人を好きになる「類似性の要因」というものがあります。単純に相手のしぐさに合わせる「ミラーリング」は、「私はあなたに似ていますよ」「あなたと同じ考えを持っていますよ」というメッセージを、潜在意識下において相手に伝える効果があります。

相手の話のスピードに合わせることもそのひとつ。

世の中にはゆっくり話す人もいれば、早口の人もいます。早口の人とゆっくり口調の人が会話をすると対話にタイムラグが生じ、ちぐはぐな印象になります。

「なにか話しにくいな」

「どうも会話がスムーズじゃないな」

といった、うっすらとした印象はこうしたところから生じているのかもしれません。

私自身は早口でもゆっくり口調でもありませんが、人と話すとき、できる限り相手の話すスピードに合わせるようにしています。

こうした人の心をつかむ手法は、心理学関連の本でいろいろと勉強しました。人の心をつかむのも、ひとつの学問なのです。

学んだことはすぐに実践し、効果があれば継続します。小さなことも継続することで大きな成果に結びつきます。

質問の口火を切る言葉「なにか困ったことない？」

ここまでのお話でたびたび言及していますが、社長は「質問力」を鍛えることが大切です。

日常業務に関しても、悪い情報ほど社長に伝わりませんから、悪い情報を引き出すための質問力が求められます。

業務改善策を練るときも、私があれこれと意見を述べるのではなく、社員さんに質問するところから始めます。とはいえ、質問のしかたにより答えが返ってくることもあれば返ってこないこともあるので、最初の切り出し方には注意が必要です。

人は質問されて初めて考え出すことが少なくありません。きっかけになる言葉をかけられて初めて真剣に考え始め、問題意識を持ち始めます。逆に言えば、それまでふわっと感じていた疑問や悩みが、質問されて初めて実体を持ち始めるのでしょう。

私の場合、次のように最初の声がけをすることが多いです。

「なにか困ったことない？」

私の経験では、この質問から話が広がることが多いからです。

その他の質問もできる限りオープンなものにします。「はい」「いいえ」という答えしか返ってこないクローズドな質問ではなく、回答者が自分の意見を述べなければならない質問、会話のキャッチボールができる質問です。

たとえば最初に

「元気？」

と声がけしたとします。すると答えはおのずから、

「はい。元気です」

「いいえ。最近元気が出ないんです」

の2パターンに限られてしまいます。

しかし、

「なにか困ったことない？」

と質問すれば、

「困ったことですか？　う〜ん…」

と、質問された側はそこから改めて考え始めるのです。そして、

「いや、実は……」

と現在の業務の問題点を話し始めます。

社長がいちばん知りたい「悪い話」もこんなところから挙がってくることが少なくありません。朝会でもランチミーティングでも安全ミーティングでも、基本は同じ。こちらから問いかけ、自分たちで考えるように誘導します。なんでもかんでも社長が答えを用意する必要などありません。

そしてひととおり「困ったこと」の内容を聞き出したら、こう言えばよいのです。

「それは困ったな。どうやったら解決できるのか、みんなで考えよう」

現場の問題の解決策は、現場の人間がいちばん知っているもの。それに悩みごとを相談する人は、実は最初から答えを自分の中に持っていることがよくあります。なにより、ひとりの知恵よりみんなの知恵。その場の全員で考えれば複数の解決案が浮上し、それを実行することで目の前にあった問題が解決に向かい始めます。質問のしかた次第で、物事というものは意外に解決するものだと思います。

応えられない要望も、その場では否定しない

時にはこんな質問をすることもあります。

「今、業務で必要なものってなに？」

女性事務員が要望するのは、たいてい文房具など値の張らないもの。これならすぐに購入できます。

ところが、ドライバーに同じ質問をすると、「トラックの新車が欲しい」「トラックの洗車機械が欲しい」など、大きな出費を伴う答えが返ってきたりします。さすがに

その場で「ＹＥＳ」とは答えられませんので、そんなときは、
「儲かったら買おう」
「トラックを買うために、みんなになにか協力してもらわないといけないな」
「立派な新車が買えるように、会社の業務改革を進めていこうよ」
などと話をします。

社員さんの要望にはすぐに応えられるものと応えられないものがありますが、絶対に否定はしません。否定するとその場で対話が終わってしまい、その後にいくら意見を求めたところでなにも出なくなってしまうからです。

また、要望にはできる限り、その場で答えるようにしています。「持ち帰って検討する」という方法もあるのでしょうが、私の場合、持ち帰らなければならない案件は、ほぼ不可能なことが多いからです。

ちなみに、社員さんにいちばん最悪な印象を与えるのは、「あとで返事するよ」と言って、持ち帰ったまま返事をしないこと。

営業所で社員さんが管理職に要望を出すときにたまにあるパターンで、管理職は聞

くだけ聞いて「あとで返事する」と答えます。しかし、心の中では「そんな要望通るわけがない」と思っているので、社長に伝えません。そしてそのまま梨のつぶてだと、要望した社員さんは「自分たちのことを会社は考えてくれていない」と会社全体に不信感を持つようになります。社長としては、「そんな要望があったのなら、どうして私に言わないんだ？」と思うのですが、管理職はたいして重要だと思っていなかったりします。

要望を出した側は、「ＹＥＳ」であれ「ＮＯ」であれ、答えを聞きたいのです。もちろん、すべて「ＹＥＳ」と答えられるものなら、なんら問題はありません。どうしても「ＮＯ」になる場合も、その場で否定せず、「どうすればその要望をＹＥＳにできるか」を、社員を巻き込んで一緒に考えていくべきです。

社長が「今年は無理だから、来年購入しよう」と言ったものの、結局翌年の利益が思ったほど出ず、購入できないこともあるでしょう。しかし、私は社員さんとの人間関係さえできていれば、それも許されることだと思います。基本となる人間関係があれば、

「みんなで頑張ったけど、今年は買えなかった。来年また頑張ろう。俺も頑張るから」という言葉で、社員さんも納得するものです。

だからこそ、私は社員さんとの人間関係を最重要視し、「缶コーヒー交流」をはじめ、あらゆる方法を使って人間関係を構築しているのです。

新社長の改革は人間関係を構築してから

社員さんとの人間関係は、一朝一夕に構築できるものではありません。私の場合、社長就任からほぼ1年間は大きな改革に着手せず、ひたすら社員さんとの人間関係構築に努めました。

そのきっかけは、尊敬するある経営者の、次のような言葉でした。

「先代から社長職を継いだ人が、社長就任1年目に大きな改革を始めると社内から大きな反発がある。1年間は自己流のやり方を出さず、おとなしく様子を窺いなさい」

新しい社長が就任すると、社員さんたちは「今度の社長はなにをするのかな?」と身構え、警戒します。口には出しませんが、社員さんは変化を嫌うのです。そんなところへやる気満々の新社長が次々に改革を持ちこむと、猛反発を食らってしまいます。

私の場合、2年目から徐々に改革を始めましたが、それでも古株の社員さんの中には反発して辞めていく方がおられました。「俺は先代に雇われたんだ。おまえにじゃない」というわけです。

改革の前にまず人間関係あり。

人間関係構築の手間と時間は、決して惜しんではいけないと思います。

恥ずかしがるな。誉め言葉は意外に受け入れられる

私はマネジメント関連の書籍をよく読みますが、書店に多く並んでいるのが人の「誉め方」「叱り方」の本です。私の知りあいの社長仲間も、部下の誉め方叱り方に悩んでおられるケースが少なくありません。

日本には誉めることをよしとしない文化があります。「ウチの愚妻が…」「ウチの愚息が…」という呼び方など、その典型でしょう。謙遜を美徳とし、誉めることにも誉められることにも慣れていません。もともと互いに誉め合わなくても物事がスムーズ

に進む、「和を以て貴しとなす」文化が根底にあるからでしょう。反対に、西洋社会では互いに誉め合い、認め合うことで人間関係を構築していきます。

私も社長就任当初は誉めることが苦手でした。人を誉めるというのは照れくさいものです。常務時代にたいして誉めていなかった私が急に誉め言葉を口にすると、顔がひきつるのが自分でもわかりますし、「こんなこと言って白々しいと思われないかな？」と不安にもなります。

しかし、勇気を持って始めてみると、意外なほどスムーズに社員さんは誉め言葉を受け入れてくれました。やはり人は誉められるとうれしいもの。誰かに誉められたい、頑張りを評価されたいという気持ちがつねにあるからでしょう。

心理学関連の本で読んだのですが、実は人は誉められるとウソだとわかっていてもうれしく感じるそうです。私はさすがにウソを言ってまで誉めませんが、それほど「誉める」という行為には力があるようです。

部下を誉めるときは小さなことから誉める

社員さんを誉めるとき、私たちはどうしても大きな手柄を誉めようとします。優秀な営業成績を挙げた、無事故無違反を〇年継続した…などなどです。しかし、大きな手柄というのはめったにありませんし、おそらく誉められる人は毎回ほぼ決まっています。

意外なことに、実際に誉める努力を始めてみると、大きなことよりも小さなことを誉めてあげたほうが、効果が大きいことがわかりました。大きな手柄は誰でも気がつきますが、小さな手柄は相手のことをよくよく観察していないと気がつきません。誉められた側からすると、

「あ、そこを誉めてくれるのか」

という驚きと感動があります。

小さな手柄を発見するには、やはり社員さんに興味を持つこと。社員さんの行動で気がついたことを言葉にし、事実をひと言誉めるだけです。

たとえば女性事務員の場合なら、

「さっきの来客中のお茶を出すタイミング、絶妙だったね。おかげでお客さんと話が弾んだよ」

「この書類、ホッチキスがきれいに並んでいるね。さすがだね」

といった具合です。本当にささいなことを誉めているのがおわかりいただけるでしょうか。

運送会社ではどうしてもドライバーや営業担当にスポットが当たりがちで、事務員さんは目立たず誉められにくい存在です。おまけにルーティンの事務作業が多いので、仕事自体も単調になりがちでしょう。しかし、こうした地味な仕事を会社のためにしてくれている人、縁の下の力持ちこそよく観察し、誉めることが大切です。

「愛の反対は憎しみではなく無関心」ですから、誰かがその社員さんに興味を持たないと、会社でのその人の存在意義が証明されません。小さなことでも価値を認め、承認することで人はやりがいを感じます。社長の誉め言葉には、

「僕はいつも見てるよ」

というメッセージが込められています。

「ＹＯＵメッセージ」と「Ｉメッセージ」を使い分ける

感謝の気持ちを伝えるとき、私は「ＹＯＵメッセージ」と「Ｉメッセージ」の使い分けを意識しています。

「ＹＯＵメッセージ」と「Ｉメッセージ」とはコーチングスキルでよく言われる手法。たとえば、次の言葉がその例です。

「あなたがスピーディに荷物を配送してくれたから、私（社長）はとても助かりました。本当にありがとう」

この構文の場合、スピーディに荷物を配送したドライバー（ＹＯＵ）に、私（Ｉ）はとても感謝しているという構成です。これに「会社（ＷＥ）もとても助かった」という「ＷＥメッセージ」をつけることもできます。

これなら単に「ありがとう」と言うだけよりも、何を誉めているのか明確になり、私の気持ちや会社の評価が率直に伝わります。

「ＹＯＵメッセージ」「Ｉメッセージ」のもっとも有名な事例が、２００１年夏場所の大相撲千秋楽の表彰式で、小泉純一郎元首相が貴乃花に贈った言葉です。

「痛みに耐えてよく頑張った。感動した！」

横綱貴乃花が横綱武蔵丸を破った一番を評した言葉ですが、この短い言葉のメッセージ性は多くの人の心をつかみました。あれから10数年が経過し、貴乃花の対戦相手が誰だったのか覚えている人は少ないですが、小泉元首相のメッセージは誰でも覚えています。

力のあるメッセージは言われた当事者だけでなく、多くの人を感動させるのでしょう。


もっと簡単にほんのひと言で誉めるなら、「さすがだね」「さすが○○さん」というフレーズも効果的です。相手の自尊心やプライドをくすぐり、誉める前から周囲に認められている印象を与えるからです。さすがに新入社員には使いづらいですが、少し経験を積んだ社員さんなら誰にでも使えます。ぜひ試してみてください。

「仕事なんだから当たり前だ」と思うことも誉め言葉に使えます。たとえば、次の例がそうです。

「半年間、遅刻が1回もないなんてすごいな」

遅刻しないことなんて社会人なら常識です。しかし、行動は当たり前でも、誉めるネタには使えます。当たり前のことは、言われる側もこれまで誰からも誉められたことがありませんから、印象にも残ります。

「社長は俺のことをよく見てくれているな」

と思われれば、それで充分です。

大きな手柄は社員全員の前で誉める

一方、大きな手柄を誉める方法はたくさんあります。

一般的によくおこなわれているのが社内表彰。当社も社内表彰制度を設け、永年勤続表彰や無事故表彰を実施しています。また、毎年全社員から各営業所のスローガンを募るのですが、採用案を考えた人にスローガン表彰という賞を贈っています。

こうした社内表彰者には、年1回の経営方針説明会で表彰状と金一封を手渡します。昨年度は滋賀県で会場を借りて表彰式をおこない、全社員の前で受賞者を称えました。

1対1で誉めても、誉め言葉は「自分は認められた！」という喜びになりますが、他の社員が見ている前で誉めるとよりいっそう効果的です。

社内表彰制度というと、つい私たちは永年勤続や無事故を想い浮かべますが、考えてみれば社内表彰する対象はなんでもいいのです。その会社らしい発想があり、該当者を判定する客観的基準が確かであれば、何を表彰しようが会社の自由。そこで私は今期から、「どんなことで表彰されたい？」と社員さんたちに逆質問しているほどです。

もちろん、私の中にもアイディアはあります。

「会社の行事にすべて参加してくれた人に贈る賞」なんて、実に当社らしいではないですか。

しかし、まずは社員さんから出てくる意見を尊重するべきだと考えています。

すべての社員がそれぞれの立場で表彰されるような、みんなが輝ける会社にできたら……そんな楽しい夢を描いています。

誉めることもトレーニング。自然にできるまで繰り返す

それでも「やはり誉めるのは苦手」とおっしゃる経営者も少なくありません。

これまで人を誉めてこなかった人が急に誉め始めるのは気恥ずかしいもの。誉め方がわからないし、何を誉めたらいいのか見当もつかないのでしょう。それに往々にして、人は他人の長所よりも短所が目につきます。そもそも誉めることが得意な人など、ほとんど存在しません。

「わかってるよ。誉めればいいんだろ？」

とおっしゃる社長さんもいますが、結局誉められずにいるのではないでしょうか。

社員を誉められる人と誉められない人の差はいったいなにか？　私が考えるに、それはトレーニング以外のなにものでもありません。日々心がけてトレーニングすれば、やがて自然に誉められるようになるものです。

書道にせよ柔道にせよ、私たちは何度も何度も繰り返しトレーニングして、型を覚え、腕を上げていきます。誉めることもそれと同じ。毎日社員さんを観察し、細かなことも見つけて誉める、その繰り返しです。繰り返すことでやがて習慣となり、恥ず

かしさやためらいもなく、サラッとできるようになります。私も恥ずかしかったのは最初の1ヵ月間だけで、その後はなんの抵抗もなくなりました。誉めるのも歯を磨くぐらい習慣化できれば、身についたと言えるのではないでしょうか。

叱る前に必ず指示内容をコミットメントする

「誉め方」と同じように、多くの社長さんの頭を悩ませているのが「社員の叱り方」でしょう。当社ではまだ経験がありませんが、最近の若い人は叱られ慣れておらず、少し叱っただけで辞めていく例もあるそうです。

私自身は管理職を叱ることはあっても、ドライバーを直接叱ることはありません。しかし、叱るときに心がけていることが3つあります。

1つ目は、人前で叱らないこと。必ず私と1対1になったときに叱ります。

2つ目は、真正面から対峙せず、45度の角度に座って叱る。真正面からの叱責は、相手に対する威圧感が強過ぎるからです。

3つ目は、互いにコミットメントした内容のみ叱ります。

「コミットメント」とは、日本語で「約束」「義務」といった意味です。

たとえば、上司が部下に「あの荷物、出しておいて」と指示を出したとします。

「あの荷物」とはなにか？　どこへ「出す」のか？　期日はいつ？　今日？　明日？

何時頃に出せばいい？

正直、部下にとってはわからないことだらけです。

一方、上司は忙しいこともあって簡単な指示で終わってしまいがち。しかも、毎日顔を合わせて仕事をしている間柄だと、ついお互いの間に暗黙の了解があると思いこんでしまいます。

そして、上司が頭の中で考えていた期日に「あの荷物」が出ていなければ、「あいつは指示通りに仕事ができていない」ということになります。

こうした指示内容を一つひとつ確認するのがコミットメントです。

まず大前提として、上司は指示を明確に出さなくてはなりません。

「○○さんの荷物を今日夕方5時までにトラックヤードに並べておいて」

ここで部下が「わかりました」と返事をしたら、コミットメントします。

上司「どの荷物かわかる？」

部下「倉庫の奥にあるパレット10枚分の部品ですよね？」

上司「今日の夕方5時までだけど大丈夫？」

部下「はい、大丈夫です」

さらに、
上司「必ずできるよね？」

と確認をし、
部下「できます」

と答えたのにできなかった場合だけ、叱ってもよいと思います。

さらに私の場合、次のように念を押します。

「もし夕方5時までにできなかったら怒るよ」

ここまで言ってできていなかったら、部下も叱られることに納得できるのではないでしょうか。

叱る原因の8割は指示した側にある

上司が丁寧に指示を出した場合にも、次のような失敗があります。

「どの荷物かわかる？」

「はい」

「今日の夕方5時までだけど大丈夫？」

「はい」

右のやりとりでは、部下は「はい」と答えているものの、必ずしも理解したとは限りません。また、仮に理解していたとしても、「必ずその仕事をする」とも限りません。

よくわからないまま曖昧な返事をしてしまった部下は、夕方5時に荷物を出していない時点で、上司からきつく叱られることになります。しかし、そもそも指示内容自体を理解していないのですから、「上司が突然感情的に怒りだして、なにがなんだかわからない」という心理状態に陥ります。ですからこの場合も、前述のコミットメントが必要です。

さらに叱る際に、「だからおまえはダメなんだ！」と人格を否定するような表現は絶対にNGです。人ではなく、「〇〇していなかったのがよくない」と具体的な物事を指して叱るべきです。

私は会社の中で起きる「叱る」原因の8割程度は、指示した側に責任があるのではないかと考えています。本当に明確に指示を出しているのか。その指示は確実に相手に伝わっているのか。その確認を怠ってはいけないと思います。

何に対して叱るのか、事前に明確にしておく

私が部下に文書作成を依頼する際は、「納期管理予定表」という書類を作成して管理しています。

「納期管理予定表」には縦軸に文書名、横軸に1ヵ月間の日にちが入っており、縦と横が交わり合うところに斜線を入れ、その日を文書の納期としています。私はあらかじめ、この書類を部下と共有し、納期をコミットメントします。

今週の金曜日が期日の書類提出なら、水曜日ぐらいに念を押すこともあります。

「納期は今週金曜だぞ。できるか?」

ここで部下が「できます」と返事をして、実際にはできなかったら叱ってもいいで

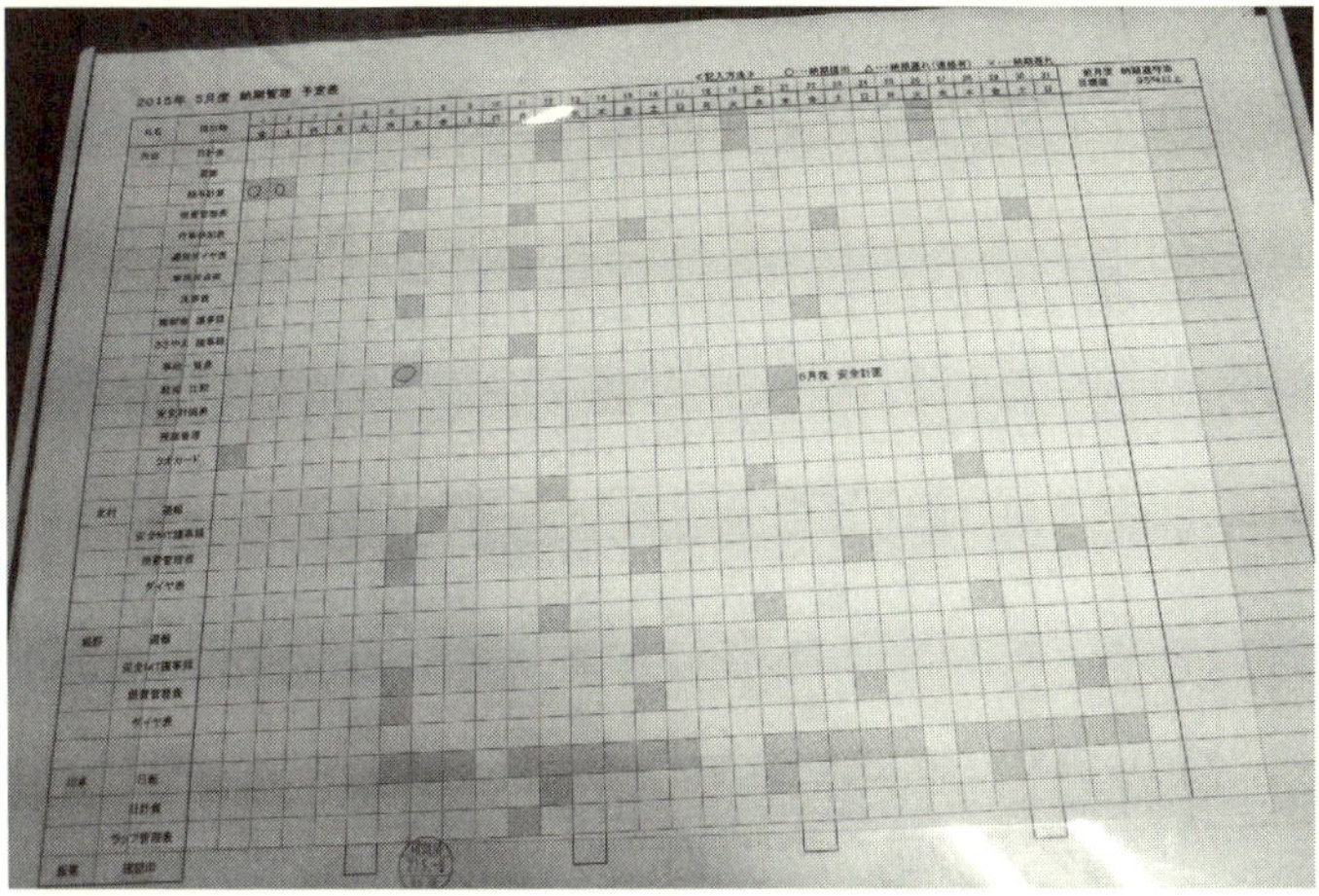

納期管理予定表

しょう。

さらに「もし遅れそうだったら、ひと言連絡を入れてくれ」と言っておけば、連絡なく遅れた際に叱ることができます。

言うまでもありませんが、こうしたツールを作るのはなにも部下を叱りたいから、管理したいからではありません。あくまでも業務を効率よく進め、円滑に会社を経営するための手段です。また、私自身の業務が多岐に渡るため、部下に依頼した作業を忘れないための備忘録の役割も果たしています。もし、頼んだ仕事を頼んだ張本人が忘れてしまっていたら、一生懸命作業をした部下はどんな気持ちになるでしょうか。いちばんやってはいけないことだと思います。

また、作成してもらった書類に対しては、必ずフィードバックをするべきです。

「あの表、わかりやすかったよ」

「助かったよ。来月もよろしくね」

このような簡単な言葉でかまいません。時間をかけて作業をしたのにフィードバックがなかったら、部下は

「あのまとめ方でよかったのか悪かったのか、どっちだろう？」

「そもそも、あの仕事ってなんだったんだろう？」

と、すっきりしない気持ちが残ってしまいます。

役職名でなく名前で呼ぶ大きなメリット

２０１５年4月から、当社は「さん付けプロジェクト」を始めました。

それまで役職名をつけて呼んでいた相手を、すべて「さん付け」に変えたのです。

社長の私も「飯尾さん」。「G所長」なら「Gさん」です。

「さん付け」を始めたのは、社内の風通しをさらによくしたいと考えたからです。長い間「○○部長」と呼んでいた相手を突然役職名抜きで「○○さん」と呼ぶのは、最初は抵抗があるもの。また、昨日まで「部長」と呼ばれていた管理職が、自分の子どものような年齢の部下から「○○さん」と呼ばれると、なんだか面白くない気分になるようです。当社でも役職者からの抵抗がありましたが、必要不可欠な改革だと説得し、断行しました。

世間一般でも「ウチの会社は風通しがいいんです」と社員が胸を張る企業は、役職名で呼び合わないといいます。反対に、歴史ある大企業が「さん付けプロジェクト」の導入に失敗し、旧態依然とした社風がいまだに残っている事例もあるそうです。

おそらく、「○○部長」と呼ばれて喜ぶ人は、役職や肩書で仕事をしている人だと思います。本来、会社員はそれぞれの「役割」で仕事をするべきです。私は社長という「役割」を与えられているだけで、「役職」で仕事をしているわけではありません。ところが「役職」で仕事するようになると、一定レベルの役職に就いてしまうとそこをゴールと勘違いし、仕事をしなくなってしまいます。

もう1点、「さん付け」には利点があります。降格制度がある会社で「G部長」が「G課長」に降格してしまうと、社内の人たちは呼び方を変更しなくてはなりません。これは本人にとってとてもつらいことですし、周囲も気をつかいます。でも最初から「Gさん」なら、お互いに余計な負荷がかかりません。

この改革ができるのは社長だけ。社長さえ「○○さん」と呼ばれることに同意すれば、すぐにでも始められます。私はとくに抵抗を感じませんでしたので、スムーズにスタートが切れました。女性事務員さんも私のことを「飯尾さん」と呼び、文書でも呼称を統一してくれています。社外に対して役職を示す必要がある場合は、「社長の飯尾が…」と言えばすむことです。

余談ですが、「○○ちゃん」「○○くん」という呼び方も当社ではNGです。「○○ちゃん」「○○くん」には、どうしても年長者が若い人を呼ぶときの上から目線が感じられるからです。目線を合わせるためにも、社内の呼称は統一するべきだと思います。

周囲に人が集まるキーパーソンを養成する

社内コミュニケーションを円滑にするためには、社長からの働きかけだけでなく、社員さんの中からも自発的な行動が起きることが理想です。

そこで、私は社員さんの中に「キーパーソン」をつくる努力を続けています。

「キーパーソン」とは、元気があって職場を明るくできる人。いつも笑顔で、その人の周りに自然に人が集まり、「あの人がやるなら自分もやる」と他の人たちが思える存在です。往々にしてリーダーシップがある人の素養と重なると思います。ただし、本人は必ずしもリーダーシップを取ろうと考えて行動しているわけではありません。

第1章で述べた安全ミーティングでの誕生日会で、率先して「ハッピー・バースデー」を歌ってくれたのも当社のキーパーソンのひとりです。年齢的には若手ですが、なぜか人気があり、いつのまにか周囲を引っ張る立場にいます。そんなキーパーソンが各拠点にひとり必ず存在します。

キーパーソンには普段から折に触れ、私の考え方を話しています。

社員が誇れる会社をつくりたい。そのために力を貸してくれ……伝えたいことはほかにも山ほどあります。

誕生日会の「ハッピー・バースデー」はキーパーソンが自発的に起こした行動で、私も驚きましたが、日頃から私の話を聞き、場の雰囲気からするべきことを察知してくれたのだと思います。

キーパーソンは将来の幹部候補ですが、必ずしも仕事ができる必要はありません。「仕事ができる人＝スキルや能力がある人」の中には、自分がやりたい仕事に集中し、昇進やマネジメントに重きを置かない人もいます。そのタイプはプレイングマネージャーになっても自らプレイするほうに重点を置き、チーム全体をあまり見ようとしません。

私がキーパーソンに必要と考えるのはスキルや能力ではなく、人柄や性格です。自然に人が集まり、話の輪ができる人というのは、やはり魅力があるのです。スキルや能力は時間をかけて鍛えれば誰でも身につきますが、人柄はそういうわけにはいきません。

こうしたキーパーソンを巻き込みながら、社内に自分の味方をどんどん増やしていけば、社内改革も進みやすいのではないでしょうか。

第5章

常に上を目指す社長の新習慣

ここまでお話をしてきたコミュニケーション術は、今や習慣となって私の身についています。

本章では私が社長に就任以来、心がけてきた習慣をご紹介します。

早朝の時間を有効活用。毎朝笑顔トレーニングも

もともと朝に強く、早起きだった私ですが、社長になるまでは始業時刻の午前9時に合わせて出社していました。

しかし、社長になってからは毎朝5時に起き、7時に出社する習慣を守り続けています。始業時間より2時間も前に出社するようになったのは、あるビジネス本で「朝7時までに社長が出勤する会社は倒産しない」という意味の一文を目にしたため。社長が早朝出社する会社が実際に倒産しないかどうかは確認しようがありませんが、朝いちばんから社長が働くことは間違いなく業務全体の活性化につながります。

早朝出社のメリットはたくさんあります。

朝は空気が爽やかで、誰しも清々しい気分になるものです。とくに当社のある地域

は北摂の山々に近いため、緑が美しく、鳥のさえずりもよく聴こえます。昨日1日がリセットされ、やる気に満ちた新しい1日の始まりを感じます。

会社に到着してから始業までの約2時間は、とても貴重な時間です。まず、社内には誰も出社しておらず、電話もほとんどかかってこないので、自分の業務や考えごとに集中できます。また、朝は頭が冴えていますので、業務の優先順位を見極めて1日の予定を組んだ後は、今後の社内改革の方向性や情報収集など頭脳を使う作業にも向いています。

さらにこの時間を利用して、毎朝の「笑顔トレーニング」も続けています。社長がムスッとした顔をしていると職場全体が暗い雰囲気になるものです。逆に笑顔を自然につくれるようになれば、職場でも取引先でも好印象を与えることができると考え、このトレーニングを始めました。

私の場合、単に鏡の前で笑顔をつくるだけでなく、「ハッピーフェイス」という器具を使っています。なにかのTV番組でキャビン・アテンダントが笑顔をつくるトレーニングに使用していると知り、さっそく取り寄せたものです。器具といっても、プラスチック製の本当に簡単な構造のもの。価格も数百円程度です。「ハッピーフェイス」の両端を左右の口角に挟み、中央を前歯で噛むと、自然に口角が上がって笑顔になります。これを毎朝2~3分、誰もいない社内で続けています。

その成果でしょうか。最近、顧客企業へお邪魔した際、こんなふうに言っていただけました。

「飯尾さんって、いつも笑ってますね」

笑顔は人間関係の潤滑油。笑顔があるところに人は集まります。

社員さんとのコミュニケーションでも、笑顔はとても大切です。最初はたとえ顔がひきつっても、笑顔をつくって「元気?」と社員さんに話しかける習慣をつくるべきだと思います。

ほかにも朝、時間があるときに瞑想をすることもあります。

瞑想するときは、大好きな海の風景写真を見ながら、成功している自分自身をイメージします。考えるのは「どうしたいか」ではなく、「どうなりたいか」。

「今、いちばんやりがいを感じていることはなにか?」

「今、いちばん楽しいと感じることはなにか?」

一つひとつ自分に問いかけ、自分自身を見つめ直す時間はとても貴重で、朝が向いているような気がします。

多忙な中でも人に会う機会を逃さない

9時になると社員全員で朝礼をおこないます。その後は総務担当者と打ち合わせをしたり、会議資料を作成したり、ブログを書いたり、お世話になった方へお礼状を書いたり。

午後は来客など急に入って来る用件が多く、その対応に時間を割いています。社長は常務よりもはるかに多くの人と会って話をしなくてはならないことを、私は社長になって初めて知りました。お客さまが来社されたらもちろん丁重にお迎えしますし、取引銀行の担当者が顔を出せば聞き出したい情報が山ほどあります。ほかにも、当社が関わるさまざまな企業の営業担当さんが来られますし、必要であれば私が話を聞くようにしています。

それにしても、人と会うことはなによりの刺激になります。もちろん1件1件には時間がかかるのですが、私は積極的に人に会うようにしています。

さらに、私のもとには当社の社員さんからいろいろな「ホウレンソウ（報告・連絡・相談）」が持ち込まれます。この対応にも時間はかかりますが、社員からのホウレンソウは絶対になくては困りますので、丁寧に対応します。

こんなふうに忙しく過ごしていると、あっという間に1日が終わります。というわけで、当社は社員さんには残業はありませんが、社長は夜8時9時ぐらいまで社に残ります。

ほかに午後の時間を使って、各営業所も訪問します。滋賀の営業所などは往復3時間かかるのですが、現場を自分の目で見て、職場の雰囲気を肌で感じるのは社長として必要不可欠。行けば必ず「缶コーヒー交流」です。

クルマでの移動の時間も有効活用したいところ。クルマを運転しているときは自己啓発系のCDを流し、カリスマ経営者の講話などを聴いたりします。理由はわかりませんが、運転中は不思議とアイディアが浮かぶことが多いように感じます。

こうして1日はあっという間に過ぎていき、結局、就寝するのは夜10時から11時頃。正直もう少し睡眠時間が欲しいところです。

週に1日は「フリー日」をつくる

1週間のスケジューリングでひとつ決めているのは、必ず週に1日フリーの日をつくること。現在は木曜日を「自分がフリーに使える1日」と決め、なるべく予定を入れないよう総務部にも頼んでいます。ちなみに私のスケジュールは共有ネットワークで全社員に公開していますが、面接やアポイントメントなどの日時設定は総務部の担当者だけが入れることができます。

なぜ意識的にフリーな1日をつくるのか?

それは社長業が忙しすぎるからです。

なにもコントロールせずに1週間のスケジュールを決めてしまうと、なにも考えることができないまま忙しさに流されてしまいます。ステークホルダーにお会いしたり、諸々の社内の業務をこなすのはとても重要なことですが、他にも考えごとをしたいですし、情報収集も図りたい。フリーな1日はそのための時間です。

社長になるまでは、「社長になると自由に動ける」と思っていましたが、大間違いでした。月曜と火曜には定例会議がありますし、水曜～金曜には会議で決まったさまざまな事案や、それに関わる各社員をフォローしなくてはなりません。他にも会社経営に関わるさまざまな数値管理や仕入れ先の検討、事業改革、仕組みづくりなど、社長の業務には際限がありません。


しかし結局のところ、時間は自分でつくりだすもの。よく「忙しい」「時間がない」と口にする人がいますが、それは自らの能力のなさを吐露しているのと同じだと思います。この地球上で暮らす限り、誰にとっても1日は24時間しかありません。私も24時間ですし、世界に冠たるトヨタ自動車の社長も24時間。それならば、24時間を効率よく使うことに心を砕くべきではないでしょうか。

とくに会社員の「忙しい」という言葉は、「これ以上自分に仕事を振らないでくれ」という意思表示に聴こえてなりません。自分では有能さをアピールしているつもりかもしれませんが、私から見ると逆効果です。

時間をつくり出すため、私は会議を始める前に
「今日の会議の終了予定時間は○時です。本日はこれとこれを決定します」
と宣言し、事前に「会議の内容はこれとこれだから、あらかじめ考えてくるように」
と出席者にアナウンスしています。それだけで、ムダな会議時間が短縮できます。

時間を節約するため、公共交通機関があっても、あえてタクシーに乗ることもあります。タクシーを利用することでお金は余分にかかりますが、貴重な時間を5分でも10分でも「買う」と考えれば、お安い投資だと思います。

新聞は見出しだけ拾い読み。ネットの情報は信じない

情報収集は社長にとって欠かせない作業ですが、やはり時間を取られます。毎朝の新聞を読む行為も時間がかかる習慣です。私は日本経済新聞を購読していますが、すべて目を通していると軽く1時間以上かかってしまいます。

そこで社長になってからは見出しだけを拾い読みし、興味がある記事だけさっと一読するようになりました。また、3ヵ月に1度発表される国内総生産（GDP）など

の各種経済関連数値も、同紙でチェックします。雑誌は『ニューズウィーク』、『プレジデント』など、ビジネス誌を中心に定期購読しています。

ちなみに、WEBサイトはあまり見ません。基本的にインターネットの情報はあまり信じないようにしています。

毎日のメールチェックも時間を取られる作業です。

私のもとへ届くメールは1日50通ほどですが、1日5回時間を決めてチェックするようにしています。放置するとあっという間に受信トレイに溜まってしまいますので、受信した順に処理していきます。用件がすめば、資料が添付されたメールを除いてさっさと削除してしまいます。資料添付メールも、せいぜい受信トレイに残しておくのは3ヵ月程度です。

各種の書類は毎週金曜日にチェックし、「処理済み」と「未処理」に分けて整理します。「処理済み」の書類は保管が必要なものだけファイリングし、残りはバンバン捨てています。メールでも書類でも「捨てる」という作業がとても重要。捨てることにより身辺が整理され、大切なマターが見えてきます。

読書は月10冊。書籍から多くを学ぶ

情報収集において、私が大切にしているのは「読書」です。

現在の読書ペースは月10冊。読み始めると止まらないので、「読書は1日1時間」と決めて、毎日続けています。

……と、こんなふうに書くと、いかにも読書家に見えるかもしれませんが、実は私は社長になるまでほとんど本を読んでいませんでした。なにせ生まれてから社長になるまでの44年間で読んだ本が、すべてひっくるめて10冊程度だったのですから。

こんなに本を読むようになったのは、恥ずかしながら社長になってからのことです。

2年前、父から社長の職務を継いだ私は、はたと考えこみました。

「社長って、いったいなにをすればいいんだろう?」

その答えが知りたくて、私は名物社長と呼ばれる経営者の著書を片っ端から読むようになりました。読み始めるととても面白く、同じ著者の本を何冊も読んだり、参考文献や著者が本文中で紹介している書籍を入手して、次から次へと読むようになりました。

読みたい本を探すときは、ビジネス誌の書評や朝のニュース番組の書籍紹介コーナーをチェック。気になるものを入手して読んでいます。ただし、自分で選んでいると同じような内容の書籍ばかりになるので、人から推薦された書籍を努めて読むようにしています。とくに「当たり」が多いのが、読書好きの社長仲間からの推薦本。お互い経営者の目線で本を読んでいるので、そのように感じるのかもしれません。

ちなみに、これまでよく読んだのはコーチングの名手であるアンソニー・ロビンス、経営コンサルタントの神田昌典さん、経済評論家の大前研一さんらの著書です。彼らの本は気になった部分にラインを引いたり、書き込みをしたり、ページの隅を折り曲げたりしながら、何度も読み返しました。当初は本に書き込みをすることに抵抗がありましたが、慣れてくるとどんどん書き込んだり、折り込んだりするように。自己啓発系の書籍は1年後に読み返すと、「あれ？　なんでここにラインを引いたのかな？」

と思うことも少なくありません。おそらく社長を1年経験し、物事の捉え方が変わった部分もあるのでしょう。

書籍のジャンルとしては、当初は自己啓発本や「部下の指導法」など具体的なテクニックが書かれた書籍をよく読みました。前述のアンソニー・ロビンスの書籍はボロボロになるまで繰り返し読み、モチベーションやマインドの上げ方を参考にしたりしました。

しかし、あるとき前述の読書好きの社長と自己啓発本の話題になり、こんなふうに言われたのです。

「自己啓発って終わりがないよ」

確かにそのとおりで、一時的に気分は高揚するものの、「なにかを得たか」といえばなにもありません。そこで、その後は徐々に自分に足りないと感じていた論理的思考法の本や心理学の本、脳科学の本などへ移っていきました。

また、著名な経営者の愛読書に多いのが、『孫子』『論語』『三国志』などの古典です。古典は何千年も読まれ続けているものですから、確実に良いところがあるはず。私もかなり読破しました。

書籍を選ぶポイントは、興味を惹かれるタイトルかどうか。ときどきタイトルほど内容が面白くない本もありますが、そんなときは迷わず読むのをやめてしまいます。我慢して読み続けても時間のムダだからです。

本当に書籍というものは、人の内面から社会全体の成り立ちまで、自分が知らないこと、経験していないことを教えてくれる玉手箱のようなものだと思います。こんなに素晴らしいことを教えてもらえるのに、書籍の価格といえばほんの1500円程度。アマゾンの中古マーケットプレイスなら100円200円で販売されていることも珍しくなく、しかも注文すると確実に数日以内に届きます。

社長業は本当に多忙ですが、合間を縫って読書されることをぜひお勧めしたいです。速読術を身につければ短時間で読破することもできるようになりますし、大量の本を読むことで文章力も身についてきます。私が「飯尾通信」やブログを書くのが苦にならないのも、読書のおかげだと思います。

積極的にセミナーに参加し、学ぶ

読書と同様に、社長になってから始めた習慣がセミナーへの積極的な参加です。今も月2、3回のペースで、興味を惹かれるセミナーに参加しています。

世の中にはいろいろなセミナーがありますが、私がよく参加するのは経営セミナーや経理セミナーなどです。

経理セミナーに足を運んだのは、貸借対照表の読み方がわからず、業務で困ったからでした。常務時代は損益計算書だけで事足りましたが、損益計算書はあくまでも「その年1年間の成績」。一方、貸借対照表は銀行から融資を受ける際に重視されますし、父が飯尾運輸を設立して以来の25年間がそこに凝縮されています。

「社長になったら貸借対照表を読み解けるようにならなければならない」

そう考えた私は、社長就任直後は「バランスシートの読み方」や「決算書の読み方・活かし方」といったセミナーに何度か通いました。

セミナーそのものの情報は新聞・雑誌、各地の商工会議所などからキャッチしています。広く経営者のみなさんにお勧めしたいのは、独立行政法人中小企業基盤整備機構が運営する中小企業大学校のセミナーです。中小企業大学校は全国9ヵ所にあり、中小企業の経営者・幹部社員に向けたセミナーが定期的に開催されています。参加費用も3万円前後のものが多く、手頃です。新年度に1年間の開催スケジュールが発表されますので計画が立てやすいですし、研修費用の公的助成制度もあります。

人の話に素直に耳を傾ける

セミナーを受講するとき、大切なのは「人の話に素直に耳を傾ける」ことです。とくに「売上アップ」や「営業の手法」といったテーマの場合、人は素直に受け取れず、斜に構えがちです。私も最初はこんなふうに考えていました。

「そんなに簡単に売上が上がるわけないだろ」

「そもそも人の利益になる話を、他人が教えてくれるわけがない」

日頃厳しい商売の世界にどっぷり浸かり、弱肉強食のビジネスが当たり前になっている経営者のみなさんなら、なおのことそうお考えになるでしょう。

しかし、講師の話を素直に聴く気がないなら、セミナーに行くだけ時間のムダ。素直に耳を傾けてこそ、情報は人の頭の中にも入るのだと思います。

こんなことを言いつつ、実は私も斜に構えて参加したセミナーがありました。

それは中小運送会社専門の経営コンサルタント・高橋久美子先生のセミナー。運送会社の社長仲間から「中小運送会社の売上を上げるセミナーがあるよ」と紹介されて受講したのですが、最初はまったく信用していませんでした。

「講師が女性？　女性に運送会社のことがわかるわけがない」

「売上が上がる？　そんな儲け話を他人に教えるわけがないだろ」

参加してみると講義室の前方の席には熱心に聞き入る受講者がいましたが、私は最後列で腕を組み、足を組んで、受講態度もひどいもの。今から思えば冷や汗が出ますが、「どんな話なのか聞いてやろうじゃないか」と挑戦的な気持ちでした。

しかし、順々に話を聴くうちに、

「ひょっとしたら売上が上がるかも」

と考え始めたのです。そのときの高橋先生の話はセールスレターに関するものでしたが、内容が非常に実践的で、「一度言われたとおりにやってみるか」という気持ちになりました。

その後、セミナーどおりにセールスレターを送り始めたところ、実際に売上が増え、目に見える効果がありました。こうなると、次も高橋先生のセミナーに足を運びたくなります。

こうして受講態度の悪かった私が、今でも高橋先生に教えていただいています。セミナー内容の充実度は講師に依るところが大きいので、自分に合う講師やセミナーに巡りあえるよう、つねにアンテナを立てておくといいのではないでしょうか。

また、読書やセミナーでいくらインプットに励んでも、それを「行動」というかたちでアウトプットしないと意味がありません。よい本を読んだ、よいセミナーに行った……それだけで満足してしまう人が実は少なくありません。

結局は実践するかしないかです。ただ勉強しただけでは、会社はよくなりません。行動した人だけに、成果は待っているのだと思います。

作業着をやめ、スーツ姿で仕事する

高橋先生から教わったことはセールスレターだけではありません。スーツ姿で仕事をすることも、高橋先生からのアドバイスで始めました。

「社長は身なりに気を使わなくてはならない」

そう言われた私は、それまでの作業着をやめて仕事中はスーツを着るようにしました。

中小の運送会社の社長でスーツを着て仕事をしている人など、実際のところ見たこともありません。しかし、

「取引先が来社したとき、作業着姿の社長とスーツ姿の社長のどちらに好感を持ちますか?」

と問われ、やはり「スーツ姿だ」と考えました。

人は見た目を重視します。来客の中には初対面の人も少なくありません。一度ついた第一印象を払拭するにはかなりの努力を要しますから、最初から好印象を与えるほうが絶対いいに決まっています。

しかし、それまで作業着だった運送会社の社長が突然スーツ姿になるのは、正直かなり恥ずかしい経験でした。社員さんの視線が
「あれ？　社長、今日はスーツだぞ」

「どこか行くのかな？」

と、あからさまに語っていて、どうにも居心地が悪かったものです。

しかし、それも最初のうちだけ。1ヵ月もたつと私も社員さんもみんな慣れてしまい、それが当たり前になりました。

ドライバーにも安全服着用を徹底

同様に、それまでバラバラだった社員さんの服装についても、安全服の着用を義務付けました。

実のところ、父の時代は昔気質のドライバーさんが多かったので、Tシャツにハチマキを巻いて、仕事をしている人もいました。

私が社長になってからももちろんハチマキ姿が見られたのですが、ある時点から「業務中は全員必ず安全服を着用」と通達を出し、徹底させるようにしました。

先にも述べましたが、ドライバーは「会社の顔」。取引先の方々は間違いなく彼らの服装を見ています。きちんと安全服を着用しているドライバーと、Tシャツにハチマキ姿のドライバーとでは、人はいったいどちらを信用するでしょうか？　答えは明らかだと思います。

ひと昔前までの日本社会では職人気質が尊重されましたが、現在ではサラリーマン的な評価が社会の大勢を占めています。リフォーム会社がお抱えの建築職人を現場に送り出すときも、まっ先に注意するのが「服装・言葉づかい」だそうです。リフォームの現場は一般家庭で、直接接するのはおもに奥さまです。奥さまが見て、清潔か？見苦しくないか？　不快感を与えないか？……リフォーム会社はその点に非常に神経を使います。

一般貨物の運送会社が一般家庭を訪れることは少ないですが、取引先の方々はごく一般的なサラリーマン。

「きちんとした服装ができない人に、きちんとした仕事ができるのか？」と思われかねません。

古株のドライバーさんたちにこうした社会の変化を説明するのは骨が折れましたが、
「これからは制服を着ていない会社は受け入れられなくなるんですよ」
と何度も繰り返し説明し、今では100%安全服を着用してくれるようになりました。

同じ頃、女性事務員さんにも制服を導入しました。

少し前まで当社の女性事務員さんは私服で勤務していました。しかし、それでは来客があったとき、当社の社員かどうか見分けがつきません。そこで私が「制服を導入しよう」と提案すると、やはり当初は変化を嫌ってか反対意見がありました。しかし、カタログを取り寄せ、自分たちの好みの制服を選んでもらう段になると、だんだん反対意見も影を潜めるようになりました。

結局、女性全員で相談した結果、キャビン・アテンダント風のスカーフのある制服に決定。真新しい制服を着て記念写真のポーズを撮る彼女らに、私はこんなふうに声をかけました。

「みんなラッキーだぞ。普通は会社で決められた制服を着るしかないのに、みんなは自分の好みの制服を着られるんだから」

まず真似る。行動する。オリジナリティはその後でいい

会社を良くするアイディアやヒントを聞いたら、まず素直に真似をしてみることです。

「真似る」は「学ぶ」と同じといいます。

また、「知る」は知識を得るだけですが、「学ぶ」は考え方や行動を習得することです。

本を読み、セミナーを受講したら、そこで学んだことをなにかひとつでいいですから実行してみてください。行動だけが現実を変えていきます。行動しないことには、なにも変わりません。

行動することは、正直大変です。自分を変え、周囲を変えていくのですから。

しかし、停まっているクルマを動かすときには大きな力が必要ですが、一度動き出したクルマは軽い力で前へ進むもの。

社内を改革する行動も同じだと思います。

世間には真似ることを「恥ずかしい」と考える人がいますが、私はまったくそうは思いません。歯みがきだって周囲の大人の真似から始まっています。卵焼きを上手く焼くのも人の真似からです。上手い文章を書きたければ、好きな作家の文章を真似るところから始まるのではないでしょうか。

なぜか仕事に関してだけ、人は「真似る」ことを恥ずかしがり、自分のオリジナリティを出したがります。しかし、最初から100％オリジナリティで勝負するのはムリがあります。

まず真似る。そして、少しずつオリジナリティを出していく。行動を起こすとき、最初に真似ることをよしとする「素直さ」が大切なのだと思います。

書くことで頭の中を整理する

そして「書く」こともとても大切です。

書くことにより頭の中が整理され、問題が明確化します。いわゆる「シンク・オブ・ペーパー」という考え方です。

とても悩んでいるとき、「今、何に悩んでいるのか」「何が問題なのか」を紙に書き出してみると、意外にたいした悩み事ではなかったりします。

反対に、自社の強みを紙に書き出すという課題を与えられたとしましょう。10項目や20項目はすぐに浮かびますが、50項目を越えるとかなり難しくなります。１００項目となると、「もうない！」とギブアップする経営者も少なくないそうです。しかし、１００項目書き出せるまで考え抜くことで、自社を客観視できるようになり、それまで気づいていなかった強みを発見できたりします。

私はものを書きながら考えるとき、マス分けノートをよく使います。

マス分けノートとは、白地1ページを12個や16個のマスに分けたノート。インターネットなどで市販品がすぐに手に入りますし、使い方のセミナーも開かれています。

私の場合、考えなければならない項目がとにかく多いので、１つ１つの項目をマスに書き入れていきます。項目は「資金繰り」「経費」「営業」「新規事業」「人材育成」「投資」など、その時々でいろいろです。社長の業務というのは、こうした複数の項目を同時進行で考えなければならず、単に頭の中で考えるだけでは何を優先すればよいの

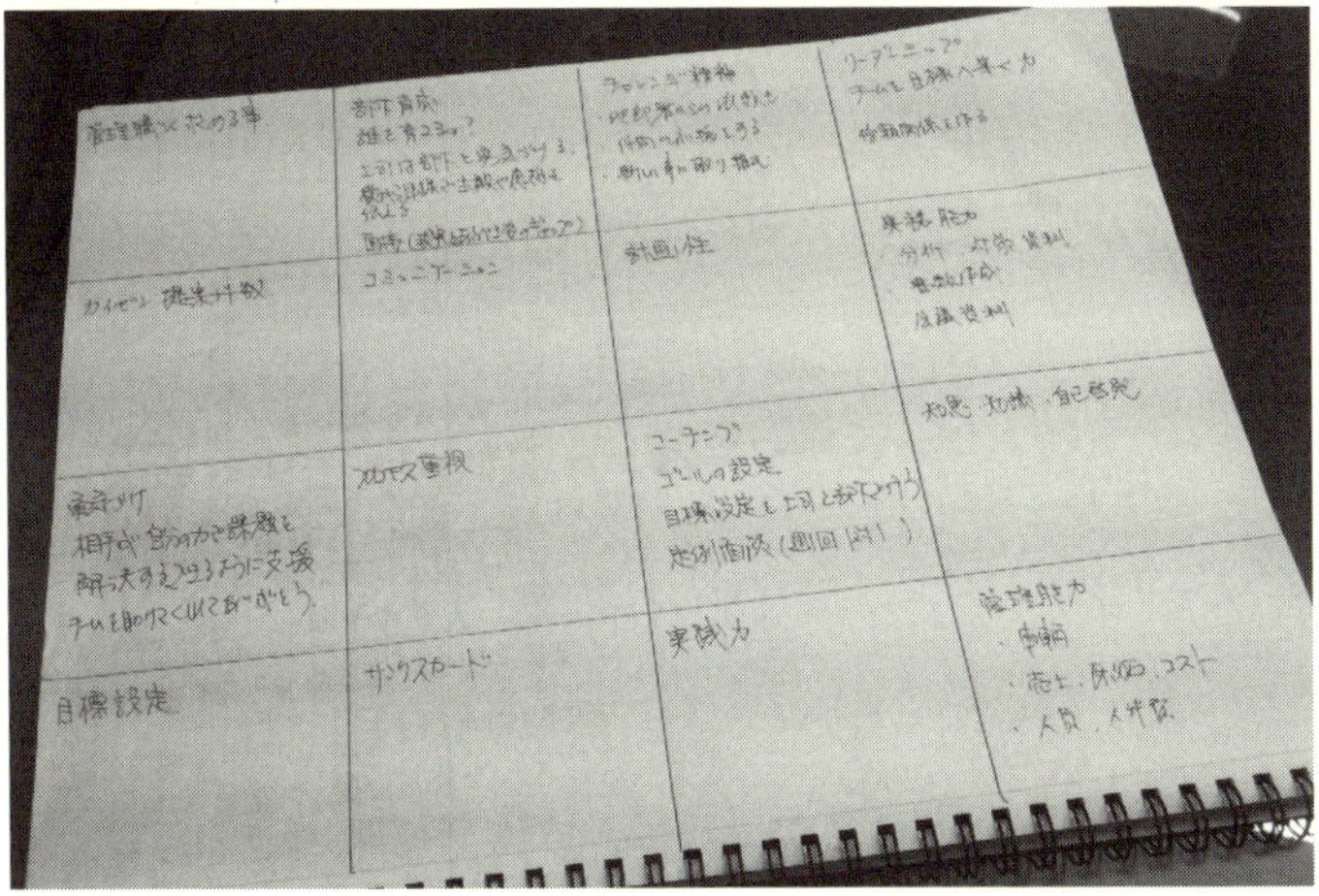

マス分けノート

か、だんだん整理がつかなくなります。

私がマス分けノートを使い始めたのも、1日24時間という限られた時間をどう有効活用すればよいのか悩んだことがきっかけでした。

マス分けノートに今、考えるべき項目を書き出して俯瞰すると、物事の優先順位が見えてきます。そして、「最初に手をつけるべきこと」を思いついたら、隣のマスにその内容を書き込みます。「次にやるべきこと」が浮かんだら、さらにその隣のマスに書き込みます。こうして、隣のマスへ隣のマスへと「自分がやるべきこと」が並んでいきます。

こうしてノートに「自分がやるべきこ

と」を書き出し、都度ノートを見直して状況確認をするようになって、なにかに追われている感覚がなくなりました。

社員さんには日報がありますが、社長に日報はありません。誰も管理してくれないので、効果的なツールを自分でつくり、自己管理するしかありません。親しくしている社長仲間から、私はよく「ツールの男」と呼ばれるのですが、まさに「必要は発明の母」だと思います。

人の言動に振り回されない

人に接する機会の多い社長業は、人の言動を毎日シャワーのように浴び続けています。
しかし、人の言動に振り回されるのは、社長であってもなくても避けたいところです。
私は普段から誰かの言動で自らの感情を揺さぶられないよう心がけています。
たとえば、レストランに行って店員さんの態度が悪かったとしましょう。

せっかく美味しいものを食べに来たのに、店員さんの態度が悪いと、一気に楽しい気分がしぼんでしまいます。しかし、他人のために自分の楽しみを損なわれるのは損。こんなとき、私は心の中でラインを引き、食べ物の美味しさと店員さんの態度を分けて考えます。

美味しい食べ物は満喫する。一方、態度の悪い店員さんは私の中ではラインの向こう側にいる人、関係のない人です。関係のない人がなにをしようが、私にとってはどうでもいいこと。それならば、イライラするだけ自分が損です。

もちろん、人間ですからカッとなり、相手に暴言を吐いてしまうこともあるかもしれません。しかし、暴言を吐いてスッキリするのはほんの一瞬。その後はイヤな気分がずっと続きます。カッとなったときの言動は冷静な判断を欠いていますから、正しい言動を取れていることはまずありません。後から「あんなことしなければよかった」と後悔するのがオチです。

本書をお読みの経営者の中には、部下にイライラしてばかりの方もいらっしゃるかもしれません。

私の場合、なにかイライラすることが起きたら、1度自分の中に呑み込むようにしています。「今のはちょっとカチンときたかな」と、あえて心の中でつぶやくのです。このように怒りを1度自分の中に呑み込み、少し冷静になって考えてみると、実はイライラの原因はたいしたことではなかったりします。

ビジネスも人間関係も「キレたら負け」です。感情的になって、いいことなどひとつもありません。感情に任せて言った言葉とは、実は自分が本当に言いたいことではなかったりするからです。

「真剣」にはなるが、「深刻」にはならない

ビジネスでなにか困った事態が起きたとき、私は「真剣」には考えるけれど、「深刻」にはならないように心がけています。

たとえば2008年のリーマンショックの際、当社は2ヵ月間まったくと言っていいほど仕事がありませんでした。2011年の東日本大震災のときも同様で、結局、国の支援制度やドライバーさんの営業努力でどうにか乗り切ることができました。

2ヵ月も仕事がなければ普通は深刻になりそうなものですが、私はさほど悲観して

いませんでした。

リーマンショックにしろ震災にしろ燃料費高騰にしろ、当社に問題があったわけではなく、どれも外的な要因です。どこの運送会社にせよ状況は同じ。それならば、「しかたがない」。そして、「この状況をどのように打破するか」を考え始めました。


むしろリーマンショック前はとても多忙でしたので、

「あの忙しい時期に事故が起きなくてよかった。ラッキーだったな」

「今は神様がくれた休暇なんだろう」

と前向きに捉えました。実際、リーマンショックのおかげで当社の弱みがわかりましたし、危機感を抱いた社員の間で一気に営業意識が高まりました。


よく「リーマンショックがあったから…」とか「燃料費が高いから…」と愚痴る人がいますが、愚痴ったところで事態はなにも好転しません。そもそも、リーマンショックや燃料費高騰のような悪い状態が永遠に続くはずがないのに、悲観する人というのは「このままずっと悪い状態が続く」と思い込んでしまうのでしょう。

後ろ向きの言葉ばかり口にしていると、それはやがて自分の考え方となります。そして後ろ向きの考え方は、やがて自分の人格になってしまいます。ですから、逆風が吹いたときも愚痴を言わず、「今はじっくり構える時期なんだ」「さあ、これからどんな手を打とう」と、次のステップを考えていくべきです。

私も東日本大震災後に、「この状況をどのように打破するか」をずいぶん考えました。その結果、辿り着いた答えは、ごく当たり前のことでした。

「ウチの会社はここ数年取引先の数が増えていない。新しいお客さまを開拓しなくては」

ご存じのとおり、運送業界というのは閉鎖的で、ほとんど営業をしない会社ばかりです。当社もご多聞に漏れず昔からのお取引先に頼って仕事をしていました。私も苦境に陥るまではなにも疑問を感じていませんでしたが、2ヵ月間仕事がない状況を2回経験すると、さすがに「このままでいいのか?」と思うようになります。その後、私は心機一転セミナーに通い始めました。そこで出会ったのが、これまでご紹介してきた数々の手法だったのです。

このように考えると、リーマンショックも震災も決して悪いことばかりでなかったことがわかります。

どんな物事にも必ず良い面がある

「物事の良い面を見る」のは私の強みのひとつ。これには母親のしつけが大きく影響しています。

母は飯尾運輸の事業をずっと手伝ってきたのですが、なにか問題が起きてもいつも物事の良い面をまっ先に見ていました。

たとえば、事業で大きな問題が起きても、

「こういう問題が起きて大変だけど、おかげでこんなことがわかったからよかったわね」

「この問題が起きるのが今でよかったわ。後で起きていたら、もっとひどい状況になっていたもの」

事故が起きても、

「事故が起きてしまったのは残念だけど、ケガですんでよかったわ」

といった調子で、悲観して落ち込むということがありません。

こうした思考習慣は、子どもの私にも確実に受け継がれました。おかげでいつも物事を前向きに捉えることができ、母にはとても感謝しています。

「なんとかなるわよ」も母の口癖ですが、これもとても大切な言葉だと思います。

なんにも努力せずに「なんとかなるさ」ではお話になりませんが、できる努力をすべて尽くしたうえでの「なんとかなるさ」なら、意味があります。

よく「会社を潰すようなことがあってはいけない」と深刻に考え込む経営者の方がいらっしゃいますが、努力した結果ならしかたがないと私は思います。会社が倒産したとしても、そこで人生が終わるわけではありません。雌伏の時を経て、また再挑戦すればいいだけ。どうも日本では一度ビジネスに失敗すると、人間として否定されたように受け取る方が多いので、違和感を覚えます。

たとえ事業に失敗して無一文になったとしても、素直に福祉制度に頼れば、住むところも食べるものも手に入り、餓死することはないでしょう。それだけの法律や制度がある国に、有難いことに私たちは住まわせてもらっているわけですから。ですから、事業の失敗を必要以上に怖れる必要はありません。

また、日本は自分の生き方を自分で決められる国。今の自分に不満がある人は、それまでの自分の選択が間違っていたのでしょう。それならば、今後は今までと違った選択をすればいいだけのことです。

10年で社長業に区切りをつける

最後に、「区切りをつける」ことも社長就任以来、ずっと考え続けています。

運送業界で働きはじめて20数年。社長に就任して2年。しかし、いつまでも社長のいすに座り続けるつもりはありません。

現在、運送業界の社長の平均年齢は70歳を超えているそうです。こんなに経営者が高齢化した業界も珍しいのではないでしょうか。社長就任期間が長い理由はいろいろあるのでしょうが、それだけの長い距離をトップスピードで走り続けられる人など存在しません。走る距離があまりに長過ぎると、どうしても中だるみが生じ、モチベーションが下がるものだと思います。

私は現在46歳ですが、55歳で飯尾運輸の社長を辞任し、新しいことを始めたいと考えています。これからは人生100年の時代。100歳をゴールと考えたとき、55歳はまだまだ中間点です。飯尾運輸を後進に譲ることで、私自身は新しいことにチャレンジできるはずです。

新しいことにチャレンジするためには、あと10年の間に後継者を見つけ、次期社長に育成しなくてはなりません。そのためには、飯尾運輸がもっと良い会社になる必要があります。「あの事業の後を継ぎたい」「あの会社の社長になりたい」と人に思わせる魅力的な会社でなければ、後継者も見つからないからです。

本書でご紹介した日々の努力は、すべて良い会社になるためのもの。良い人材に入社してもらい、当社でやりがいを感じ、リーダーとして成長し、バトンタッチしていくためのものです。飯尾運輸が今よりももっともっと良い会社になれば、「俺も社長になりたい！」という人材が必ず現れると信じています。

あとがき

ここまで私のコミュニケーション術をお読みいただき、ありがとうございます。

社長に就任してわずか2年の私は、何十年と社長業を続けておられる諸先輩方からすれば、ほんの「ひよっこ」に見えることと思います。しかし、「ひよっこ」だからこそ業界の常識に囚われず、自分なりに考え、行動してきましたし、その結果が目に見えるかたちで売上や従業員の勤続年数などに反映されていく様子を確かめることができました。


私には同業者の2代目社長や3代目社長の知り合いが多いのですが、

「社長はしんどい。大変だ」

「好きで社長になったわけじゃない」

と、こぼす人が少なくありません。

しかし、私が社長を経験してつくづく思ったのは、

「社長ほど楽しいものはない」

ということです。

社長になると、次から次へとするべきことがあります。たしかに多忙ですが、人間にとって「なにもすることがない」ほど、つらいことはありません。人から求められ、人から頼られる社長は、本当に幸せで有難い立場だと思います。

そして、社長は自分で社内のすべての物事を決めることができます。すべて自分で変えることができます。会社員ならあり得ない話で、「これで楽しくないなら、いったいどんな仕事が楽しいんだ?」とすら思います。

社長業が楽しめない方の中には、先代社長である親のプレッシャーが強過ぎ、自分のやるべき道を見失っている人もいるのでしょう。得てして創業者社長はカリスマ性が高く、2代目3代目は創業者の強烈な個性の下でおとなしく従順になりがちです。

また、社長業の期限を決めることも重要だと思います。

本文中にも書きましたが、期限があるから人は頑張れるのです。

私自身は飯尾運輸の社長業を10年で切り上げた後、海外でビジネスを立ち上げたいという夢があります。日本は素晴らしい国で、私も生まれ育ったこの国が大好きですが、海外、とくにアジアには今の日本にはない若さと活気、ハングリーさ、たくましさがあります。いつかアジアで事業を立ち上げ、外から日本を見守りたいと考えています。

本書が読者のみなさんの考えるきっかけとなり、ほんのささいなことでも事業や人生の参考となれば、著者としてこんなに幸せなことはありません。

2015年10月10日

飯尾　栄治

【著者略歴】

飯尾 栄治（いいお えいじ）

1969年生まれ。兵庫県出身。
1991年、父の経営する運送会社に入社。
1998年、「ダック引越センター」とフランチャイズ契約を交わし、阪神支店を関西第一号としてオープン。所長として全国売上高3位以内を3年連続で樹立。
2013年、株式会社飯尾運輸 代表取締役に就任。

2011年よりマーケッター高橋久美子氏に師事。セールスレターやホームページにより売上を増やし続けている実績が評価され、2013年8月、株式会社運送経営改善社主催の「実践アカデミー賞」にて運送改善社賞を受賞。
現在、運送経営改善士として、中小運送会社の荷主獲得ノウハウの提供、セールスレター作成ノウハウ講師、プレスリリースアドバイザーとしても活躍中。
自ら開発した、『スタッフが驚くほどやる気になる「ＰＰＰ人材育成術」』のセミナーは多くの同業者から好評を得ている。

２年で利益が２．５倍
社員が喜んで働き出す社長の会話術

2015年11月30日　初版発行

著者©　飯尾　栄治
発行者　亀岡亮介
発売元　星雲社
〒112-0012 東京都文京区大塚3丁目21-10
電話　03-3947-1021／FAX　03-3947-1617
カバーデザイン　高橋弘将（HIGH DESIGN）
印刷・製本　株式会社シナノ

発行所　Eveil〈株式会社 エベイユ〉
〒104-0061　東京都中央区銀座6-13-16　銀座Wallビル UCF 5階
Tel 03-5843-8142／Fax 03-6866-8656
http://eveil-jp.net

ISBN978-4-434-21412-7　C0034

－エベイユ発行書籍の紹介－

低コストで集客＆ブランディング！

伊藤佳恵著

10円で年商を2倍にする方法

■定価 1500円＋税

運送経営改善社代表・高橋久美子氏大絶賛！

> 小規模運送会社に革命を起こす本！
> 「何から始めればいいかわからない」という人は、
> まず、この本を読むことをお勧めします。最初の一歩が踏み出せます。

ファックス一本で新聞等のメディアに掲載され、３年で年商が２倍になった方法をお伝えします。

生きる勇気、やり方を見つけられる本

重松 豊著

死ぬのは“復讐”した後で

～いじめられっ子への起業のススメ～

■定価 1500円＋税

学生時代、いじめられっ子だった著者が見つけた、
辛い中で生き抜く方法、自由になる生き方とは？

小学校、中学校と、学校でもいじめられ、家庭でもいじめられ、と居場所がなかった著者が見つけた、そんなつらい日々でも生き抜く方法とは、復讐だった。
自分が自由になり、楽しい人生を送ることが出来る復讐とは！?

行動できる！

高橋久美子著

運送会社経営完全バイブル

～トラック20台以下の運送会社が少予算で売り上げを上げる方法～

■定価 4800円＋税

石坂浩二氏大絶賛！

> 何ページでもいいので、開いてみてください。
> この本はただの運送屋さんの話ではないことに気付くでしょう。
> これからの私の生き方を変える一冊です。

物流ウィークリー紙の連載等でもお馴染みの、高橋久美子氏のノウハウが詰まった一冊。目先の悩みや不安を吹き飛ばすための「行動」をうながしてくれる。
この本を手に取った瞬間から、あなたの思い描く未来を手にすることができる！